Eenzaamheid bij jeugdigen

Jan van der Ploeg

Eenzaamheid bij jeugdigen

Houten 2018

ISBN 978-90-368-1952-7   ISBN 978-90-368-1953-4 (eBook)
DOI 10.1007/978-90-368-1953-4

© Bohn Stafleu van Loghum, onderdeel van Springer Media B.V. 2018
Alle rechten voorbehouden. Niets uit deze uitgave mag worden verveelvoudigd, opgeslagen in een geautomatiseerd gegevensbestand, of openbaar gemaakt, in enige vorm of op enige wijze, hetzij elektronisch, mechanisch, door fotokopieën of opnamen, hetzij op enige andere manier, zonder voorafgaande schriftelijke toestemming van de uitgever.

Voor zover het maken van kopieën uit deze uitgave is toegestaan op grond van artikel 16b Auteurswet j° het Besluit van 20 juni 1974, Stb. 351, zoals gewijzigd bij het Besluit van 23 augustus 1985, Stb. 471 en artikel 17 Auteurswet, dient men de daarvoor wettelijk verschuldigde vergoedingen te voldoen aan de Stichting Reprorecht (Postbus 3060, 2130 KB Hoofddorp). Voor het overnemen van (een) gedeelte(n) uit deze uitgave in bloemlezingen, readers en andere compilatiewerken (artikel 16 Auteurswet) dient men zich tot de uitgever te wenden.

Samensteller(s) en uitgever zijn zich volledig bewust van hun taak een betrouwbare uitgave te verzorgen. Niettemin kunnen zij geen aansprakelijkheid aanvaarden voor drukfouten en andere onjuistheden die eventueel in deze uitgave voorkomen.

NUR 854
Basisontwerp omslag: Studio Bassa, Culemborg
Automatische opmaak: Scientific Publishing Services (P) Ltd., Chennai, India

Bohn Stafleu van Loghum
Walmolen 1
Postbus 246
3990 GA Houten

www.bsl.nl

Voorwoord

Eenzaamheid onder jeugdigen is een onderschat en onderbelicht probleem. Het effect ervan is veel slechter voor de gezondheid dan tot dusver is verondersteld. De schadelijke werking is wel vergeleken met de negatieve gevolgen die roken en obesitas hebben voor de gezondheid. Eenzaamheid is een *hidden killer* genoemd.

Eenzaamheid is een complex probleem dat veel dieper ingrijpt in het leven van jeugdigen dan vaak is gedacht. Eenzame jeugdigen geven serieuze problemen te zien op sociaal, cognitief, emotioneel en fysiek niveau. Vaak ontbreekt het eenzame jeugdigen niet alleen aan vrienden, maar missen zij ook de steun van hun ouders. Hierdoor functioneren zij niet op school of in hun werk en worden zij steeds eenzamer. Deze vicieuze cirkel is moeilijk te doorbreken.

Eenzaamheid wordt vaak niet serieus genomen, zoals pesten destijds ook niet als een probleem werd gezien. Het hoort er gewoon bij, denkt men. Iedereen is wel eens eenzaam en het gaat vanzelf over.

Eenzaamheid ligt nog grotendeels in de taboesfeer. Ouders zullen niet gauw zeggen dat hun kind eenzaam is. Er wordt al snel gedacht dat het kind dat aan zichzelf te wijten heeft. Eenzame jeugdigen worden gezien als zielige figuren en als watjes. Dit in tegenstelling tot jeugdigen met ADHD of autisme, die weliswaar ook problemen hebben, maar daar kunnen zij en hun ouders weinig aan doen. Bovendien kun je met deze problemen aankloppen bij de jeugdzorg. Zo niet met eenzaamheid.

Ook de jeugdzorg heeft weinig oog voor eenzame kinderen. Eenzame jeugdigen komen pas in beeld nadat er andere problemen zijn vastgesteld. Eenzaamheid is niet meer dan een bijvangst.

Ook in de bijbel van de psychiater, de DSM-5, zal men tevergeefs zoeken naar eenzaamheid als zelfstandig probleem. Het komt er wel in voor, maar altijd als een symptoom van andere problemen.

Op grond van de kennis die er nu is over eenzaamheid bij jeugdigen, pleit ik ervoor eenzaamheid op te nemen in de DSM als een psychische stoornis. Het gaat hier immers om een duidelijk vast te stellen syndroom met zeer ernstige gevolgen voor de psychische en fysieke gezondheid.

Het gebrek aan aandacht voor eenzame jeugdigen is ook terug te vinden in de berichtgeving. Van elke tien krantenartikelen over eenzaamheid gaan er negen over eenzame ouderen, tegenover slechts één over eenzame jeugdigen. Eenzaamheid onder ouderen is erg, maar eenzaamheid onder jeugdigen is in bepaalde opzichten erger. Jeugdigen staan immers aan het begin van hun leven en kunnen een leven lang de negatieve gevolgen van eenzaamheid met zich meedragen. Dat besef is in onze samenleving nog te weinig doorgedrongen.

Ik denk niet dat het zo erg is als de kop van een artikel in het onlinemagazine *Slate* suggereert: *Loneliness is Deadley* met als ondertitel *Social isolation kills more people than obesitas does*. Toch heeft de schrijfster van het artikel (Jessica Olien) wel een punt: eenzaamheid is een sterk onderschat en onderbelicht probleem.

Met dit boek hoop ik te bevorderen dat er meer aandacht komt voor eenzame jeugdigen. Niet alleen bij ouders en leerkrachten, maar ook bij professionele hulpverleners.

Jan van der Ploeg
Oegstgeest

Inhoud

1	**Eenzaamheid, een complex begrip**	1
1.1	Inleiding	2
1.2	Wanneer ben je eenzaam?	3
1.3	Sociale en emotionele eenzaamheid	4
1.4	Meer omschrijvingen van eenzaamheid	4
1.5	Existentiële en zelfverkozen eenzaamheid	6
1.6	Gevoelens van eenzaamheid	7
1.7	De eenzaamheid van een kleuter is niet die van een puber	7
1.8	Ontwikkelingsfasen in relatie tot eenzaamheid	8
	Literatuur	9
2	**Hoeveel jeugdigen zijn eenzaam?**	11
2.1	Inleiding	12
2.2	Aantallen	12
2.3	Achtergronden	13
2.4	Eens eenzaam, altijd eenzaam?	14
2.5	Chronisch of tijdelijk eenzaam	15
2.6	Neemt de eenzaamheid onder jeugdigen toe?	16
2.7	De kans op meer eenzaamheid onder jeugdigen is groot	18
	Literatuur	19
3	**Hoe eenzaamheid kan ontstaan**	21
3.1	Inleiding	22
3.2	De sociale-behoeftetheorie	22
3.3	De cognitieve theorie	23
3.4	De sociale-leertheorie	24
3.5	De stresstheorie	25
3.6	Het interactionele model	25
3.7	De biologische invalshoek	26
3.8	Tot slot	27
	Literatuur	27
4	**Eenzaamheid, een serieus probleem**	29
4.1	Inleiding	30
4.2	Gedragsproblemen	31
4.3	Negatieve emoties	32
4.4	Cognities	32
4.5	Samenhang tussen gedrag, emoties en cognities	33
4.6	Fysieke problemen	34
4.7	Eenzaamheid op drie leefgebieden	34
4.8	Is eenzaamheid een ziekte?	35
	Literatuur	36

5	**Het gezin van eenzame jeugdigen**	37
5.1	Inleiding	38
5.2	Vijf clusters gezinsproblemen	39
5.3	Opvoedkenmerken	39
5.4	Het functioneren van het gezin	40
5.5	Partnerrelatie	41
5.6	Het gezin als geheel	41
	Literatuur	42
6	**Eenzaamheid en aanleg**	43
6.1	Inleiding	44
6.2	Tweelingenonderzoek	44
6.3	Het brein	45
6.4	Invloeden op de ontwikkeling van het brein	47
6.5	De aanleg bezien vanuit andere invalshoeken	48
6.6	Een biosociale benadering	50
	Literatuur	51
7	**Eenzaamheid vaststellen**	53
7.1	Inleiding	54
7.2	Vragen moeten meer inzicht geven	54
7.3	Veel gebruikte eenzaamheidsvragenlijsten	55
7.4	Veel overlap	57
	Literatuur	58
8	**Risicogroepen**	59
8.1	Inleiding	60
8.2	Jeugdigen met autisme	60
8.3	Jeugdigen met ADHD	61
8.4	Jeugdigen met te weinig leervaardigheden	62
8.5	Jeugdigen met gedragsproblemen	63
8.6	Jeugdigen met een andere etnische achtergrond	65
8.7	Persoonlijkheidsfactoren	65
	Literatuur	66
9	**Het sociaal netwerk als ruggensteun**	67
9.1	Inleiding	68
9.2	Wat is een sociaal netwerk?	68
9.3	Informele sociale steun	69
9.4	Belangrijke vormen van sociaal-emotionele steun	70
9.5	Belangrijke bronnen van sociaal-emotionele steun	71
9.6	Tot slot	72
	Literatuur	72
10	**Het gemis aan sociale en emotionele vaardigheden**	73
10.1	Inleiding	74
10.2	Sociale vaardigheden	74

10.3	Gevolgen van gebrekkige sociale vaardigheden	76
10.4	Emotionele vaardigheden	77
10.5	Gevolgen van een tekort aan emotionele vaardigheden	77
10.6	Emotionele intelligentie	78
10.7	De basisvaardigheden in een notendop	78
	Literatuur	79

11	**Het trio eenzaamheid, depressie en angst**	81
11.1	Inleiding	82
11.2	Enkele cijfers	82
11.3	Depressieve jeugdigen	83
11.4	Jeugdigen met angststoornissen	84
11.5	Samenhang tussen eenzaamheid, angst en depressie	84
11.6	Delinquentie en eenzaamheid	86
	Literatuur	87

12	**Afwijzing, stress en eenzaamheid**	89
12.1	Inleiding	90
12.2	Wat is stress?	90
12.3	Omgaan met stress	91
12.4	Copingstrategieën	92
12.5	Indelingen in typen copingstrategieën	93
12.6	Omgaan met afwijzing	94
	Literatuur	95

13	**Gebrek aan waardering en aan vriendschappen**	97
13.1	Inleiding	98
13.2	Onderlinge relaties op school	98
13.3	Angst te worden afgewezen	99
13.4	Pesten als ultieme afwijzing	100
13.5	Wat zijn vriendschappen?	101
13.6	Jeugdigen zonder vriendschappen	101
	Literatuur	102

14	**Eenzaamheid en suïcide**	103
14.1	Inleiding	104
14.2	Enkele cijfers	104
14.3	Eenzaamheid en suïcide	105
14.4	Eenzaamheid is niet de enige factor	106
14.5	Combinaties van factoren	106
14.6	Suïcidaliteit is een complex probleem	107
	Literatuur	107

15	**Eenzaamheid en internet**	109
15.1	Inleiding	110
15.2	Communiceren via het internet	110
15.3	Internet, face-to-facecontacten en eenzaamheid	111

15.4	Eenzaamheid en Facebook	112
15.5	Internetverslaving	113
15.6	Gevaren van het internet	114
	Literatuur	116

16	**Eenzaamheid en gamen**	117
16.1	Inleiding	118
16.2	De plus- en minpunten van gamen	118
16.3	Gameverslaving	119
16.4	De relatie tussen eenzaamheid en gamen	120
16.5	De aard van de games	120
16.6	Risicoverhogende factoren op extreem gamen	121
16.7	Gamen is goed voor de ontwikkeling	121
	Literatuur	122

17	**Hulp van deskundigen**	123
17.1	Inleiding	124
17.2	Preventie van eenzaamheid	124
17.3	Interventies die aansluiten bij de sociale-behoeftetheorie	125
17.4	Cognitieve gedragsinterventies	126
17.5	Interventies vanuit de sociale-leertheorie	127
17.6	Integratieve behandeling	128
17.7	Zijn alle interventies even effectief?	129
	Literatuur	130

18	**Hoe ouders en leerkrachten kunnen helpen**	131
18.1	Inleiding	132
18.2	De relatie tussen eenzaamheid en ouders/gezin	132
18.3	Adviezen aan ouders van eenzame jeugdigen	134
18.4	Adviezen aan leerkrachten van eenzame leerlingen	135
18.5	Tot slot	137
	Literatuur	137

Bijlagen	139
Bijlage 1: Korte typeringen van de samenleving	140
Bijlage 2: Items gereviseerde UCLA-eenzaamheidsschaal	144
Bijlage 3: Items Eenzaamheidsschaal van De Jong-Gierveld	146
Bijlage 4: Persoonlijkheidsfactoren en eenzaamheid	148
Bijlage 5: Bepaling van het sociale netwerk	150
Bijlage 6: Bewerking van de Perceived Social Support Questionnaire (PSSQ) van Kliem (2015)	152
Bijlage 7: Interventieprogramma van Olweus	154
Geraadpleegde literatuur	157
Register	160

Eenzaamheid, een complex begrip

1.1 Inleiding – 2

1.2 Wanneer ben je eenzaam? – 3

1.3 Sociale en emotionele eenzaamheid – 4

1.4 Meer omschrijvingen van eenzaamheid – 4
1.4.1 Irvin Yalom – 4
1.4.2 Rubin Gotesky – 5
1.4.3 Noreen Mahon et al. – 5
1.4.4 Andere indelingen – 5

1.5 Existentiële en zelfverkozen eenzaamheid – 6
1.5.1 Existentiële eenzaamheid – 6
1.5.2 Zelfverkozen eenzaamheid – 6

1.6 Gevoelens van eenzaamheid – 7

1.7 De eenzaamheid van een kleuter is niet die van een puber – 7

1.8 Ontwikkelingsfasen in relatie tot eenzaamheid – 8
1.8.1 Van groepsrelaties naar individuele vriendschappen – 8
1.8.2 Van minder naar meer gedachten en gevoelens – 9
1.8.3 Van weinig naar meer bewustwording – 9

Literatuur – 9

© Bohn Stafleu van Loghum, onderdeel van Springer Media B.V. 2018
J. van der Ploeg, *Eenzaamheid bij jeugdigen*, DOI 10.1007/978-90-368-1953-4_1

> **Intro**
> Als het waar is – en het is waar – dat eenzaamheid vooral een kwestie is van verstoken zijn van leeftijdgenoten, vrienden en familie, én van niet erbij horen en geen deel hebben aan het leven, dan komt eenzaamheid bij jeugdigen veel harder aan dan bij ouderen. Deze laatste groep verkeert immers in een eindfase – sociaal en fysiek – en heeft veel minder de drang om vriendschappen te sluiten en relaties op te bouwen met leeftijdgenoten. Jeugdigen daarentegen zijn nog op weg zich te ontwikkelen en kunnen niet zonder positieve relaties met vrienden, leeftijdgenoten en ouders.

1.1 Inleiding

Wanneer ben je eigenlijk eenzaam? Wat voel je dan? Ben je eenzaam als je geen vrienden meer hebt? Of als je ouders zijn gescheiden, of als een van hen is overleden?

Hoe komt het dat je je eenzaam voelt? Waar komt het vandaan, wat zijn de gevolgen en wat kun je er aan doen?

Eenzaamheid is een complex begrip dat veel vragen oproept. Het wekt dan ook geen verbazing dat er veel over eenzaamheid is geschreven. Veruit de meeste onderzoeken hebben echter betrekking op eenzame ouderen en niet op eenzame jeugdigen. De aandacht voor eenzaamheid onder ouderen is te begrijpen: mensen leven steeds langer, waardoor zij almaar minder familie en vrienden overhouden.

Eenzaamheid onder jeugdigen is lange tijd genegeerd of niet opgemerkt, maar ook jeugdigen kunnen eenzaam zijn! Dat is lange tijd over het hoofd gezien, zoals ook jarenlang niet is onderkend dat kinderen en jongeren depressief kunnen zijn.

Eenzaamheid heeft een grote impact op het leven van jeugdigen. Waar de ouderen aan het eind van hun leven zijn beland, is het leven van jeugdigen nog maar net begonnen. Wanneer jeugdigen eenzaam zijn, werkt dat door op school, thuis en in hun vrije tijd. Eenzaamheid zorgt bij jeugdigen voor een slechte start, die grote gevolgen kan hebben voor hun verdere ontwikkeling. Eenzame jeugdigen bevinden zich in een totaal andere situatie dan eenzame ouderen. De schade die eenzaamheid kan aanrichten onder jeugdigen is groter dan onder ouderen.

Is er dan nooit aan gedacht dat jeugdigen ook eenzaam kunnen zijn? Jawel, maar dan werd het gezien als een tijdelijk verschijnsel dat tijdens de puberteit kan optreden en vanzelf weer overgaat. In die ontwikkelingsfase is alles in beweging en zoeken de jongeren een nieuw evenwicht. Hun gevoelens springen alle kanten op. Soms voelen zij zich onkwetsbaar en kunnen zij de hele wereld aan, en op andere momenten zijn zij erg verdrietig en voelen zich eenzaam. Het gaat van himmelhoch jauchzend naar zum Tode betrübt. Eenzaamheid werd vooral gezien als een van de voorbijgaande gevoelens op weg naar zelfstandigheid.

Eenzaamheid komt als thema al heel lang voor in de literatuur en schilderkunst, maar wetenschappelijk onderzoek naar eenzaamheid is eigenlijk pas vanaf 1970 goed van de grond gekomen, al had dat meestal betrekking op eenzaamheid onder ouderen. Het onderzoek naar eenzaamheid onder jeugdigen is pas goed gestart rond de laatste eeuwwisseling.

Dankzij de toegenomen (wetenschappelijke) aandacht voor eenzaamheid onder jeugdigen is er meer inzicht ontstaan in wat eenzame kinderen en jongeren doormaken en wat dat kan veroorzaken.

1.2 Wanneer ben je eenzaam?

Er bestaan meerdere definities van het begrip eenzaamheid. Een bekende en veel gebruikte definitie is die van Daniel Perlman en Anne Peplau (1982), een toonaangevend onderzoeksduo op het gebied van eenzaamheid. Tijdens hun uitgebreide studies naar eenzaamheid zijn zij op meer dan twaalf verschillende definities van eenzaamheid gestoten. Zij formuleren vervolgens zelf de volgende definitie:

> Eenzaamheid is een negatieve, emotionele reactie die optreedt als er een kloof wordt ervaren tussen enerzijds de behoefte aan verbondenheid met anderen en anderzijds de werkelijke verbondenheid met anderen.

Het gaat hier om de kloof die wordt ervaren tussen de gewenste (behoefte aan contacten en vrienden) en de werkelijke situatie (het echte aantal contacten en vrienden). Die kloof wordt groter naarmate verlangen en realiteit verder uit elkaar lopen. Dan treedt het pijnlijke besef op dat je aan de zijlijn staat, terwijl je zo graag wilt meedoen.

Bij deze definitie van eenzaamheid wil ik de volgende opmerkingen plaatsen:

- Ten eerste heeft niet iedere jeugdige een even grote behoefte aan sociale contacten met anderen. De een wil met alles meedoen en heeft graag veel vrienden en bekenden, terwijl de ander zich liever in de luwte ophoudt en tevreden is met een of enkele vrienden. Jeugdigen met een sterke behoefte aan sociale relaties zullen zich al eenzaam voelen bij een beperkt aantal contacten, terwijl jeugdigen met een beperkte sociale behoefte zich pas eenzaam voelen als zij geen enkele sociale relatie hebben. Het verschil tussen wens en realiteit is niet bij iedere jeugdige hetzelfde.
- De tweede kanttekening heeft betrekking op de aard van gewenste en werkelijke sociale relaties. Het beoogde en reële sociale netwerk met vrienden en bekenden heeft een kwantitatieve en een kwalitatieve kant. Het gaat niet alleen om het aantal vrienden of relaties, maar ook om de kwaliteit van die relaties. Een jeugdige kan veel vrienden hebben maar weinig diepgang ervaren in de contacten met hen. Anderzijds is het ook mogelijk dat een enkele relatie met veel inhoud heel bevredigend wordt gevonden. Zowel de kwantiteit als de kwaliteit van de relaties speelt in de analyse van het begrip eenzaamheid mee.
- Ten derde is het ervaren van een kloof tussen behoefte en bevrediging een kwestie van ermee omgaan. Niet iedere jeugdige heeft een even sterk vermogen om de dreiging van eenzaamheid het hoofd te bieden. De ene jeugdige legt eerder het hoofd in de schoot dan de ander. Dat leidt ertoe dat de eenzaamheid bij de een eerder zal optreden dan bij de ander.
- Tot slot merk ik nog op dat ook de gevoelens die optreden bij eenzame jeugdigen van belang zijn als het gaat om het definiëren van eenzaamheid. Ik kom daar op terug in ▶ par. 1.6.

Tegen de achtergrond van de voorgaande opmerkingen is het begrijpelijk dat eenzaamheid geen rechttoe rechtaan begrip is waarbij iedereen het steeds over hetzelfde heeft. Eenzaamheid is een complex begrip en niet zo eenvoudig te omschrijven als op het eerste gezicht misschien lijkt.

1.3 Sociale en emotionele eenzaamheid

Robert Weiss (1973) maakte als een van de eerste onderzoekers naar eenzaamheid een onderscheid in sociale en emotionele eenzaamheid.

Sociale eenzaamheid heeft betrekking op een gebrek aan sociale relaties. Sociaal eenzame jeugdigen hebben geen leeftijdgenoten met wie ze kunnen stappen of die ze even kunnen aanschieten om het over persoonlijke dingen te hebben. Ze nemen geen deel aan activiteiten op school, zijn niet lid van een sportclub en hebben vrijwel niemand om mee te praten en naar te luisteren. Hier wordt ook wel gewag gemaakt van een objectief vaststelbare eenzaamheid omdat de relaties tot op grote hoogte in kaart zijn te brengen.

Emotionele eenzaamheid verwijst naar gevoelens van verdriet die optreden omdat de jeugdige beseft niemand te hebben die hem of haar de moeite waard vindt om mee om te gaan. De jeugdige is zich er pijnlijk bewust van afgesneden te zijn van andere jeugdigen. Deze jeugdige heeft het gevoel er eigenlijk niet bij te horen en niet mee te tellen. Dat gemis aan waardering en acceptatie vervult deze jeugdige enerzijds met gevoelens van leegheid, verdriet en wanhoop en anderzijds met gevoelens van hunkering en verlangen naar vertrouwelijke en warme relaties waarin hij/zij zich geborgen kan voelen. Deze vorm van eenzaamheid is ook wel aangeduid als een subjectieve beleving van eenzaamheid. Het is de eigen beleving van eenzaamheid.

Niet iedereen die sociaal eenzaam is, is ook emotioneel eenzaam en omgekeerd. Een jeugdige kan veel vrienden hebben en zich toch eenzaam voelen. Maar het kan ook voorkomen dat een jeugdige zich sociaal eenzaam voelt (zonder vrienden), terwijl hij/zij zich in emotioneel opzicht niet eenzaam voelt.

1.4 Meer omschrijvingen van eenzaamheid

Dat aan het begrip eenzaamheid meer kanten zijn te onderscheiden is het beste te illustreren aan de hand van indelingen die verschillende onderzoekers in de loop der tijd zijn gemaakt. Die laten zien dat eenzaamheid bestaat uit meerdere facetten.

1.4.1 Irvin Yalom

Op grond van zijn ervaringen als therapeut komt de Amerikaanse hoogleraar psychiatrie Irvin Yalom (1980) tot de volgende driedeling in eenzaamheid:

- Er is sprake van *interpersoonlijke eenzaamheid* als de eenzaamheid een gevolg is van het ontbreken van sociale contacten. De jeugdige is verstoken geraakt van vrienden en bekenden. Er is in dit geval veel overeenkomst met sociale eenzaamheid, met dit verschil dat Yalom de eenzaamheid vooral zoekt in de relationele sfeer.
- Daarnaast onderscheidt Yalom de *intrapersoonlijke eenzaamheid*. De overeenkomst met emotionele eenzaamheid dringt zich op. Maar ook nu legt Yalom een iets ander accent. Het gaat hier vooral om het besef door anderen in de steek te zijn gelaten, om gevoelens van verlatenheid.
- Als derde vorm van eenzaamheid onderkent Yalom een *existentiële eenzaamheid*. Daarmee doelt hij op een basale vorm van eenzaamheid die niet naar de persoonlijke kanten van eenzaamheid wijst, maar betrekking heeft op een vervreemding van de wereld. Deze jeugdigen twijfelen aan hun bestaan en vragen zich af wat de zin van het leven is. We komen daar op terug in de volgende paragraaf.

Samenvattend ontstaat interpersoonlijke eenzaamheid vanuit externe omstandigheden, komt de intrapersoonlijke eenzaamheid van binnenuit en is de existentiële eenzaamheid een confrontatie met de zin van het bestaan.

1.4.2 Rubin Gotesky

Ook de destijds als hoogleraar in Amerika werkzame Poolse filosoof Rubin Gotesky (1965) verdiepte zich in het probleem van de eenzaamheid. Hij onderkent vier verschillende vormen van eenzaamheid:
- Bij *fysieke eenzaamheid* gaat het om het gemis aan face-to-facecontacten. Het ontbreekt aan de fysieke aanwezigheid van betekenisvolle anderen. Die contacten zijn afgesneden.
- Verder stelt Gotesky dat er ook *psychische eenzaamheid* bestaat. Die treedt op als de jeugdige consequent afwijzing en uitsluiting door anderen ervaart. Waar de fysieke eenzaamheid betrekking heeft op afgesloten zijn *van* andere jeugdigen, is er bij psychische eenzaamheid sprake van buitengesloten worden *door* andere jeugdigen.
- Als een aparte vorm van eenzaamheid ziet Gotesky het isolement waarin een jeugdige terecht kan komen. Deze *outsiderseenzaamheid* geeft weer dat de betrokkene zich door iedereen in de steek voelt gelaten.
- De vierde vorm is de *zelfverkozen eenzaamheid*. In dit geval trekt de jeugdige zich terug uit contacten en relaties met anderen. Meestal gaat het hier om een tijdelijke vorm van eenzaamheid waarbij de accu weer wordt opgeladen of waarbij in alle rust nieuwe initiatieven worden voorbereid.

1.4.3 Noreen Mahon et al.

Verder wijs ik op het onderscheid dat Mahon et al. (2011) maken. Zij spreken van netwerkeenzaamheid en dyadische eenzaamheid:
- Bij *netwerkeenzaamheid* gaat het om een vorm van eenzaamheid die wordt gekenmerkt door de afwezigheid van een sociaal netwerk met andere kinderen en jongeren. Deze jeugdigen maken geen deel uit van een groep en worden niet gevraagd om mee te doen met allerlei activiteiten.
- Bij *dyadische eenzaamheid* heeft de eenzaamheid betrekking op het gemis van een echte vriend die je kunt vertrouwen, bij wie je je thuis voelt en met wie je je persoonlijke gevoelens kunt bespreken.

1.4.4 Andere indelingen

Ook het volgende onderscheid komt voor: de *oudergerelateerde* en de *peergerelateerde* eenzaamheid. Met dit onderscheid wordt duidelijk gemaakt dat bij jongere jeugdigen de kans op eenzaamheid toeneemt als de relaties met de ouders te wensen overlaat, terwijl dat bij de oudere jeugdigen vooral het geval is als de relaties met leeftijdgenoten ontbreken.

Tenslotte vermeld ik hier de onlangs door Maes (2016) geïntroduceerde vormen van eenzaamheid. Zij maakt in haar dissertatie een onderscheid in *intieme en relationele eenzaamheid*. In het eerste geval gaat het om het missen van een nauwe, persoonlijke en warme band met een ander (ouders). De andere, relationele vorm van eenzaamheid verwijst naar het missen van een sociaal netwerk met zinvolle relaties (leeftijdgenoten).

Bij het overzien van de verschillende indelingen springt toch vooral de sociale en emotionele eenzaamheid in het oog. De overige kenmerken van eenzaamheid vertonen een grote overlap met deze twee zijden van eenzaamheid. De twee uitzonderingen hierop zijn de existentiële en de zelfverkozen eenzaamheid. Deze beide vormen van eenzaamheid zijn vooral vanuit de filosofie beschreven en vallen strikt genomen eigenlijk buiten het psychologische en pedagogische kader.

1.5 Existentiële en zelfverkozen eenzaamheid

1.5.1 Existentiële eenzaamheid

Vanuit deze invalshoek is eenzaamheid te beschouwen als een wezenskenmerk van de mens. Filosofisch gezien is ieder mens ten diepste eenzaam omdat hij nooit volledig door anderen zal kunnen worden begrepen. Dat wordt duidelijk als hij te maken krijgt met ingrijpende gebeurtenissen zoals dood en ziekte. Het verdriet kun je delen, maar uiteindelijk moet je het alleen dragen en verwerken. Je wordt op jezelf teruggeworpen.

Existentiële eenzaamheid heeft een positieve en een negatieve kant.

De negatieve kant wordt zichtbaar als de eenzaamheid leidt tot twijfel aan de zin van het bestaan en de mens ontworteld en geïsoleerd raakt. Hij raakt dan steeds meer vervreemd van zichzelf en de wereld waarin hij leeft. Hij houdt op te communiceren met anderen en uiteindelijk met zichzelf.

De positieve kant is dat eenzaamheid kan leiden tot vragen als: Wie ben ik? en: Waarom ben ik hier op deze wereld? Er kan dan meer zelfinzicht en zelfkennis ontstaan. Hier werkt de existentiële eenzaamheid als een positieve prikkel om jezelf te ontwikkelen en relaties aan te gaan met anderen. Op die manier poogt de mens aan zijn eenzaamheid te ontkomen, maar blijft hij zich bewust dat anderen zijn existentiële eenzaamheid nooit helemaal kunnen wegnemen.

Bij jeugdigen speelt deze vorm van eenzaamheid een kleine rol.

1.5.2 Zelfverkozen eenzaamheid

Mensen kunnen ervoor kiezen zich tijdelijk terug te trekken in eenzaamheid. Ze willen even alleen zijn. In het Engels heet dit geen *loneliness* maar *solitude*. Het is geen terugtrekken uit teleurstelling of uit afkeer van de medemens, maar om tot bezinning te komen. Dat kan leiden tot meer inzicht in jezelf en kan mogelijk nieuwe krachten losmaken. In die zin kan eenzaamheid betekenisvol zijn.

Ook bij jeugdigen kan het zich tijdelijk terugtrekken als positief worden beschouwd. Elke jeugdige heeft wel eens de behoefte om zich tijdelijk even af te zonderen. Bijvoorbeeld om na een spannende gebeurtenis even alleen te zijn, zich te ontspannen, op adem te komen, nieuwe ideeën te ontwikkelen en na te denken. Zelfverkozen eenzaamheid kan ook betekenen: je terugtrekken met een boek, muziek beluisteren, afstand nemen van de drukte van alledag en je opladen met nieuwe energie en ideeën. Deze zelfverkozen eenzaamheid kan een heilzame invloed hebben en kan zorgen voor positieve gevoelens. Even een stap terug, even niet meedoen met de dagelijkse dwang van presteren, jezelf bewijzen en jezelf handhaven.

◘ Tabel 1.1 Overzicht van belangrijke gevoelens van eenzaamheid

leegheid	verveling	vervreemding	schaamte
ontevredenheid	schuldgevoel	verdriet	somberheid
boosheid	achterdocht	onveiligheid	bedreiging
pessimisme	angst		

1.6 Gevoelens van eenzaamheid

Wat ervaren jeugdigen als zij zich eenzaam voelen? Dat kan worden geduid vanuit verschillende wetenschappelijke disciplines, zoals de filosofie, de sociologie, de psychologie en de psychiatrie.

In de voorgaande paragraaf is eenzaamheid kort beschreven vanuit de filosofie.

Vanuit de sociologie is het begrip eenzaamheid in relatie gebracht met de maatschappij. Zo kunnen groepen mensen (achtergestelden, immigranten, minderheidsgroepen) in een isolement verkeren doordat zij de aansluiting bij de maatschappij hebben gemist. Ook kan eenzaamheid betrekking hebben op een hele generatie. Zo meende de socioloog Durkheim (1897) dat het grote aantal zelfmoorden in zijn tijdgewricht een gevolg was van een gebrek aan cohesie in de samenleving.

Maar sociologen zien eenzaamheid ook in het licht van een gebrek aan sociale betrokkenheid en een gemis aan onderlinge relaties. Meer in het bijzonder richten zij zich op de kwantiteit en de kwaliteit van het sociale netwerk van eenzamen. Dit terrein wordt overigens ook wel tot de sociale psychologie gerekend.

Psychologen en psychiaters proberen zich vooral in de positie van eenzame jeugdigen te verplaatsen en gaan na hoe eenzaam zij zich voelen. Zij onderzoeken wat eenzame jeugdigen voelen en in hoeverre eenzaamheid een belemmering vormt om goed te kunnen functioneren thuis, op school en in de vrije tijd. Eenzame jeugdigen voelen zich geïsoleerd, in de steek gelaten en afgewezen.

Veel eenzame jeugdigen zijn in een situatie terechtgekomen waarin zij zoveel mogelijk het contact met anderen mijden. Vanuit school gaan ze zo snel mogelijk naar huis. Eenmaal thuis komen ze de deur niet meer uit. En komen ze toch in contact met anderen, dan vallen eenzame jeugdigen vaak op doordat ze weinig of geen vragen stellen en lange stiltes laten vallen.

In dit boek gaat het niet om de filosofische benadering van eenzaamheid, maar zijn de psychologie en de psychiatrie de invalshoeken van waaruit naar eenzaamheid wordt gekeken. Binnen deze vakgebieden worden verschillende eenzaamheidsgevoelens onderscheiden (◘tab. 1.1).

Uit dit overzicht blijkt dat eenzaamheid bij jeugdigen een breed scala aan gevoelens kan teweegbrengen. Het is niet moeilijk in te zien dat deze gevoelens de ontwikkeling van jeugdigen ernstig in gevaar kunnen brengen.

1.7 De eenzaamheid van een kleuter is niet die van een puber

Kunnen jonge kinderen al gevoelens van eenzaamheid ervaren?

Lange tijd is gedacht dat jonge kinderen (peuters, kleuters) geen gevoelens van eenzaamheid kennen. Dat zouden ervaringen en gevoelens zijn waar het jonge kind nog niet aan toe is. Inmiddels is onweerlegbaar aangetoond dat jonge kinderen wel degelijk gevoelens van eenzaamheid kunnen ervaren.

Eenzaam bij jonge kinderen kent uiteenlopende oorzaken, zoals:
- scheiding van de ouders,
- gezinsproblemen,
- verhuizing naar een andere buurt, plaats of school,
- dood van iemand aan wie het kind sterk gehecht was.

Vanaf ongeveer vier jaar blijken kinderen heel adequaat te kunnen reageren op een vraag als: Voel je je weleens alleen en verdrietig? Ook kunnen kinderen aangeven waar die gevoelens vandaan komen (Ik heb niemand om mee te spelen) en hoe dat is te veranderen (Ik zou een vriendje willen hebben om mee te spelen).

Een belangrijke pionier op dit onderzoeksgebied is de Griekse onderzoekster Evangelia Galanaki (2004a, b; Galanaki en Vassilopoulou 2007). Uit haar onderzoeken komt naar voren dat kinderen van vier jaar al kunnen aangeven dat zij zich eenzaam voelen. Eenzaamheid is hier echter vooral alleen-zijn.

Het besef van eenzaamheid krijgt met het ouder worden steeds meer betekenis en diepgang. Waar een kind van vijf jaar zich vooral eenzaam voelt omdat het niemand heeft om mee te spelen, voelt een jongere van zestien jaar zich eenzaam omdat hij niemand heeft met wie hij zijn gevoelens en gedachten kan delen. Het bredere besef van eenzaamheid blijkt al bij negen- tot twaalfjarige kinderen door te dringen. Zij begrijpen dat je je ook eenzaam kunt voelen met mensen om je heen.

Onderzoek naar de eenzaamheid van jeugdigen laat zien dat de eerste tekenen van eenzaamheid betrekking hebben op sociale eenzaamheid en dat pas later gevoelens van emotionele eenzaamheid worden onderkend. Dat betekent dat kinderen in de basisschoolleeftijd hun eenzaamheid vooral beleven als een sociaal fenomeen dat wordt veroorzaakt door externe omstandigheden, zoals afwijzing door anderen of het niet mee mogen doen met anderen. Leerlingen in het voortgezet onderwijs zijn zover in hun ontwikkeling, dat zij eenzaamheid ook kunnen ervaren als een innerlijke, emotionele beleving waarbij zij zich onmachtig voelen om aansluiting te vinden bij anderen.

Vroege gevoelens van eenzaamheid voorspellen vaak eenzaamheid op oudere leeftijd.

1.8 Ontwikkelingsfasen in relatie tot eenzaamheid

In deze paragraaf bekijk ik de eenzaamheid aan de hand van drie ontwikkelingslijnen die jeugdigen met het ouder worden volgen.

1.8.1 Van groepsrelaties naar individuele vriendschappen

Jonge kinderen hebben verschillende en meerdere leeftijdgenootjes met wie zij optrekken. Meestal maken zij deel uit van een groep of subgroep. Pas later ontwikkelen zij individuele vriendschappen en nog weer later ontstaan de intieme relaties met vriendjes of vriendinnetjes. De beleving van eenzaamheid loopt hiermee parallel. Als jeugdigen eenzaam zijn, is dat eerst omdat zij niet mee mogen doen met anderen, daarna omdat zij geen vrienden hebben en weer later omdat zij geen vriendinnetje of vriendje hebben.

1.8.2 Van minder naar meer gedachten en gevoelens

Jonge kinderen maken samen plezier en zijn soms boos op elkaar. Later in de ontwikkeling komen andere gedragingen en emoties aan bod, zoals: elkaar helpen, geruststellen, waarderen, geheimen delen, over anderen roddelen, maar ook elkaar in vertrouwen nemen en elkaar troosten. Nog weer later ontwikkelen jeugdigen bepaalde overtuigingen en standpunten van politieke, maatschappelijke en/of religieuze aard.

In deze ontwikkelingsfase voelt een jong kind zich eenzaam omdat het geen deel heeft aan het samenspel met andere kinderen. Daarna kan een jeugdige eenzaam worden omdat hij/zij zijn/haar emoties niet kan delen met anderen. Met het ouder worden kan de eenzaamheid een gevolg zijn van standpunten die hij/zij met niemand kan delen.

1.8.3 Van weinig naar meer bewustwording

Tijdens de ontwikkeling worden kinderen zich steeds meer bewust van zichzelf en hun omgeving. Zo zal het kind zich in toenemende mate bewust worden van zijn positie in de klas en meer in de gaten hebben hoe anderen over hem/haar denken. Dat betekent dat met het ouder worden ook het besef van eenzaamheid sterker wordt.

Literatuur

Durkheim, E. (1897). *Le suicide, étude de sociologie*. Paris: Felix Alcan.
Galanaki, E. (2004a). Are children able to distinguish among the concepts of aloneness, loneliness, and solitude? *International Journal of Behavioral Development, 28*, 435–443.
Galanaki, E. (2004b). Teachers and loneliness: The children's perspective. *School Psychology International, 25*, 92–105.
Galanaki, E., & Vassilopoulou, H. D. (2007). Teachers and children's loneliness: A review of the literature and educational implications. *European Journal of Psychology and Education, 22*(4), 455–475.
Gotesky, R. (1965). Aloneness, loneliness and solitude. In J. M. Edie (Red.), *An invitation in social isolation*. Chicago: Quadrangle Books.
Maes, M. (2016). *Loneliness in adolescence*. Leuven: Dissertatie Katholieke Univsersiteit.
Mahon, N., Yarcheski, A., & Yarcheski, T. J. (2011). Stress, hope and loneliness in young adolescents. *Psychological Reports, 108*, 919–922.
Perlman, D., & Peplau, L. A. (1982). *Loneliness*. New York: John Wiley & Sons.
Weiss, R. S. (1973). *Loneliness: The experience of emotional and social isolation*. Cambridge, Mass: MIT Press.
Yalom, L. D. (1980). *Existential psychotherapy*. New York: Basic Books.

Hoeveel jeugdigen zijn eenzaam?

2.1 Inleiding – 12

2.2 Aantallen – 12

2.3 Achtergronden – 13

2.4 Eens eenzaam, altijd eenzaam? – 14

2.5 Chronisch of tijdelijk eenzaam – 15

2.6 Neemt de eenzaamheid onder jeugdigen toe? – 16
2.6.1 Wat zeggen de cijfers? – 16
2.6.2 Signalen van jeugdigen – 16
2.6.3 Signalen vanuit de samenleving – 18

2.7 De kans op meer eenzaamheid onder jeugdigen is groot – 18

Literatuur – 19

© Bohn Stafleu van Loghum, onderdeel van Springer Media B.V. 2018
J. van der Ploeg, *Eenzaamheid bij jeugdigen*, DOI 10.1007/978-90-368-1953-4_2

> **Harde cijfers zijn uiterst kneedbaar**
>
> » Een op de drie werknemers tobt met zijn gezondheid. Een op de vier Nederlanders heeft last van een psychiatrische stoornis. En bijna een op twee Nederlanders is slachtoffer van huiselijk geweld. Wie de resultaten van recent sociaalwetenschappelijk onderzoek bekijkt, kan slecht tot één conclusie komen: Nederland is een afschuwelijk land waar het gros van de bevolking zucht onder ernstige problemen. Maar hoe serieus zijn zulke onderzoeken?
> Sociologe prof. dr. J. de Jong-Gierveld onderzocht ooit eenzaamheid onder jongeren. Ze trof nauwelijks eenzame jongeren aan, maar toen ze een Amerikaanse eenzaamheidsschaal op haar gegevens losliet, schoot het aantal tobbers plots omhoog.
> [...]
>
> Het artikel eindigt met de uitspraak van een kritische wetenschapper:
>
> » Je hebt cijfers en je hebt de werkelijkheid. Die twee hebben natuurlijk wel met elkaar te maken, maar ze komen niet overeen. Veel hangt af van definitie en interpretatie. De harde cijfers zijn zo kneedbaar als je zelf bent.
>
> *Peter Giesen, de Volkskrant, 14 februari 1998.*

2.1 Inleiding

Het precieze aantal eenzame jongens en meisjes in Nederland weten we niet. Dat wil niet zeggen dat er geen cijfers beschikbaar zijn over aantallen eenzame jeugdigen. Er zijn eerder te veel dan te weinig cijfers voorhanden. En dat legt meteen een probleem bloot: Wat is waar en wat niet?

Dat er uitgegaan wordt van verschillende aantallen eenzame jeugdigen, komt vooral omdat er meerdere definities bestaan en eenzaamheid op verschillende manieren wordt vastgesteld. Dit maakt dat de geschatte percentages eenzame jeugdigen variëren van 20 tot 70 %.

Dit probleem doet zich overigens niet alleen voor bij eenzame jeugdigen. Ook als we willen weten hoeveel angstige en agressieve jeugdigen Nederland telt, is er geen eensluidend antwoord voor handen. Evenmin weten we precies hoeveel jeugdigen ADHD hebben of hoeveel jeugdigen binnen het autismespectrum vallen.

Onderzoekers naar uiteenlopende gedragsproblemen zijn vaak geneigd hun bevindingen wat aan te dikken, in de hoop aandacht te krijgen voor het door hen onderzochte probleem en voor henzelf als onderzoeker. Hoe groter het aantal jeugdigen met een bepaald probleem, hoe meer aandacht.

Valt er dan niets te zeggen over het aantal eenzame jeugdigen? Zeker wel, maar wel met het nodige voorbehoud.

2.2 Aantallen

Hoeveel jeugdigen zijn er eigenlijk eenzaam?

2.3 · Achtergronden

Tabel 2.1 Eenzaamheid onder jeugdigen

leeftijd	heel vaak of sterk	soms of enigszins	nooit of niet
12–24 jaar	11 %	22 %	66 % (EenVandaag 2014)
15–25 jaar	1 %	53 %	46 % (CBS 2014)
15–30 jaar	6 %	28 %	66 % (Victor en Chang 2012)

Om een eerste indruk te krijgen van het aantal eenzame jeugdigen in Nederland verwijs ik naar een onderzoek uit 2014 onder 1.375 jongeren van 12 tot en met 24 jaar. Daaruit bleek dat 22 % zich matig eenzaam voelt en dat 11 % zich sterk eenzaam voelt. Dat betekent dat 33 % van de jeugdigen, een op de drie, zich in meerdere of mindere mate eenzaam voelt (EenVandaag 2014).

Deze cijfers komen redelijk overeen met de bevindingen in andere landen. Dat is goed te illustreren aan de hand van het onderzoek van Victor en Chang (2012). Deze onderzoekers maakten gebruik van de data van een groot Europees onderzoek in 25 verschillende landen en stelden vast dat twee derde deel van de jongeren in de leeftijd van 15 tot 30 jaar nooit last heeft van eenzaamheid, 28 % soms en 6 % heel vaak.

Uit cijfers van het CBS over het jaar 2014 blijkt dat van de jeugdigen van 15 tot 25 jaar meer dan de helft (54 %) zich weleens eenzaam voelt.

De cijfers (tab. 2.1) tenderen naar de conclusie dat een op de drie jeugdigen zich min of meer eenzaam voelt.

Er zijn veel meer prevalentiecijfers in omloop, die ik hier verder onvermeld laat.

Dat er zoveel verschillende onderzoeksuitkomsten zijn, komt vooral doordat er verschillende definities van eenzaamheid worden gehanteerd, maar ook de methode van onderzoek speelt een rol. Verder maakt het verschil of de onderzoeker een grote (representatieve) groep onder de loep neemt of een kleine groep. Tenslotte kunnen er verschillen optreden omdat de onderzoeksgroepen soms uit verschillende leeftijden bestaan.

2.3 Achtergronden

Komt eenzaamheid overal evenveel voor? Zijn er evenveel jongens als meisjes eenzaam? Is het aantal eenzame jeugdigen in het lager onderwijs even groot als in het voortgezet onderwijs? Zijn er op dat punt verschillen tussen jeugdigen die lagere en hogere vormen van onderwijs volgen?

Er zijn meerdere onderzoeken uitgevoerd om te achterhalen of eenzaamheid bij alle (bevolkings)groepen evenveel voorkomt. Dat blijkt niet het geval te zijn. Ik geef hier wat het CBS heeft vastgesteld (tab. 2.2).

De percentages van het CBS vallen zo hoog uit omdat het begrip eenzaamheid breed is gehanteerd en ook betrekking heeft op het zich af en toe eenzaam voelen. Het gaat mij vooral om de onderlinge verschillen. Dan valt op dat van de leerlingen in het basisonderwijs bijna driekwart zich matig tot sterk eenzaam voelt (waarvan 9 % heel sterk). Dit aantal weerspreekt de veronderstelling dat eenzaamheid op jonge leeftijd niet of nauwelijks voorkomt.

Ook blijkt eenzaamheid onder mannen meer voor te komen dan onder vrouwen. De CBS-cijfers hebben weliswaar betrekking op alle leeftijden, maar uit onderzoeken naar

Tabel 2.2 Matige tot sterke eenzaamheid. *Bron: CBS* (2016)

leerlingen in het basisonderwijs	72 %
vmbo, onderbouw avo, mbo 1	65 %
mbo 2,3,4, havo, vwo	61 %
hbo-, wo-bachelor	58 %
hbo-, wo-master, doctor	62 %
man	67 %
vrouw	58 %
autochtoon	61 %
westers allochtoon	67 %
niet-westers allochtoon	68 %

eenzaamheid onder jeugdigen blijkt eveneens dat bij jongens meer eenzaamheid voorkomt dan bij meisjes.

Onder jeugdigen met een migratieachtergrond komt veel eenzaamheid voor. In het bijzonder geldt dit voor jeugdigen met een niet-westerse migratieachtergrond.

Er zijn meer achtergronden aan het licht gekomen die voor verschillen zorgen. Zo laten alle onderzoeken zien dat er meer eenzaamheid voorkomt bij jeugdigen die opgroeien in eenoudergezinnen, bij jeugdigen met een beperking en bij jeugdigen uit de sociaal-economisch lagere regionen.

Het zijn vooral jeugdigen die opgroeien onder minder gunstige omstandigheden bij wie meer eenzaamheid voorkomt. Eigenlijk is dat niet verrassend. De invloed van de minder gunstige omstandigheden op de ontwikkeling van jeugdigen is groot en heeft er indirect ook toe geleid dat onder hen ook meer gedragsproblemen, schoolproblemen en gezondheidsproblemen voorkomen.

2.4 Eens eenzaam, altijd eenzaam?

Als je eenzaam bent geworden, blijf je dan eenzaam? Komen eenzame jeugdigen ooit van hun eenzaamheid af? Of wisselt dat en worden jeugdigen die eerst niet eenzaam waren dat later alsnog en veranderen eenzame jeugdigen later in niet-eenzame jeugdigen?

Onderzoeken geven aan dat eenzame jeugdigen verschillende trajecten afleggen. Ik beschrijf hierna vijf trajecten die eenzame jeugdigen kunnen doorlopen. Deze trajecten zijn ontleend aan het onderzoek van Ladd en Ettekal (2013). Zij onderscheiden:
1. Ernstig eenzame jeugdigen die eenzaam blijven (de chronisch eenzamen) – 14 %
2. Matig eenzame jeugdigen die dat blijven (stabiel matig) – 20 %
3. Ernstig eenzame jeugdigen bij wie de eenzaamheid veel minder wordt – 6 %
4. Matig eenzame jeugdigen bij wie de eenzaamheid verdwijnt – 42 %
5. Niet-eenzame jeugdigen die niet-eenzaam blijven – 18 %

Uit dit overzicht blijkt dat bij de meeste jeugdigen (60 %) de eenzaamheid verdwijnt of niet aanwezig is. De meest problematische groepen zijn de jeugdigen (34 %) die sterk en matig eenzaam zijn en dat ook blijven.

Voor meer inzicht in de eenzame jeugdigen en de trajecten die zij afleggen, refereer ik aan het onderzoek van Vanhalst et al. (2013). In dit onderzoek wordt duidelijk gemaakt dat de verschillende trajecten gepaard kunnen gaan met verschillende problemen. De volgende vijf trajecten hebben betrekking op jeugdigen van 15 tot 20 jaar.

1. *Chronisch eenzaam (3 %)*
   Het gaat hier om jeugdigen die zich eenzaam blijven voelen. Zij zien geen kans hun eenzaamheid te overwinnen en blijven daar tijdens hun ontwikkeling last van houden. De kans is groot dat zij ook in hun latere leven het gevoel van eenzaamheid niet kwijtraken. Deze categorie jeugdigen is te beschouwen als een risicogroep. Dat blijkt ook uit het feit dat deze jeugdigen een laag zelfbeeld hebben, veel last ondervinden van depressieve klachten, angstig zijn en weinig stevig in hun schoenen staan.
2. *Langzaam afnemend, van erg eenzaam naar minder eenzaam (6 %)*
   Deze jeugdigen voelen zich aanvankelijk erg eenzaam, maar zien kans zich daar beetje bij beetje van te bevrijden, zij het niet helemaal. De lichte verbetering is vaak het gevolg van zich wijzigende omstandigheden zoals een verbeterde gezinssituatie (rust na een scheiding) of positieve ervaringen met leeftijdgenoten (meer acceptatie en waardering). Deze ondervindingen kunnen de lijn van meer naar minder eenzaamheid in gang zetten. Maar zeker is dat niet. Deze jeugdigen vertonen nog veel problemen die vergelijkbaar zijn met die van de chronisch eenzame jeugdigen.
3. *Toenemend, van weinig eenzaam naar meer eenzaam (17 %)*
   Deze jeugdigen hebben aanvankelijk weinig tot geen last van eenzaamheid, maar krijgen daar na verloop van tijd meer mee te maken. Het verloop van niet eenzaam naar meer eenzaam brengt meerdere problemen met zich mee zowel in emotioneel als in sociaal opzicht.
4. *Sterk afnemend, van minder eenzaam naar niet eenzaam (8 %)*
   Deze jeugdigen hebben eigenlijk weinig last van gevoelens van eenzaamheid. En voor zover dat wel het geval is, verdwijnen deze gevoelens met het ouder worden. Deze categorie jeugdigen maakt een ontwikkeling door die als normaal kan worden gezien. Zij functioneren goed in sociaal en emotioneel opzicht.
5. *Niet tot weinig eenzaam (65 %)*
   Dit is veruit de grootste groep. Deze jeugdigen voelen zich misschien een enkele keer eenzaam, maar maken in grote lijnen een ontwikkeling door die niet belemmerd wordt door gevoelens van eenzaamheid.

Het onderzoek maakt duidelijk dat ruim een kwart (26 %) van de jeugdigen zich erg tot weinig eenzaam voelt. De jeugdigen in het eerste traject zijn het meest problematisch. Ook het tweede traject bevat jeugdigen die niet vrij zijn van problemen. Daar zijn wel tekenen van vooruitgang, maar nog niet voldoende. Ook het derde traject bevat jeugdigen die problematisch functioneren.

Uit dit onderzoek blijkt verder dat bijna driekwart (74 %) weinig tot geen eenzaamheid kent (trajecten 4 en 5). Deze jeugdigen ontwikkelen zich positief.

2.5 Chronisch of tijdelijk eenzaam

De voorgaande paragraaf maakt duidelijk dat chronische eenzaamheid schadelijker is voor de ontwikkeling van jeugdigen dan tijdelijke eenzaamheid. Maar wat is chronisch en wat tijdelijk? Een harde grens is niet te trekken.

Wel is duidelijk dat chronische eenzaamheid eerder een kwestie is van maanden dan van dagen. Ook staat vast dat hoe langer de eenzaamheid duurt, hoe moeilijker het wordt je daaruit te bevrijden. Bij een aanhoudende eenzaamheid worden jeugdigen steeds minder gevoelig voor situaties waarin zij aansluiting kunnen krijgen bij anderen. Zij merken steeds minder de signalen op die hen in contact kunnen brengen met anderen, en ontwikkelen juist meer en meer een gevoeligheid voor signalen die op afwijzing kunnen duiden. Op deze manier wordt de eenzaamheid in toenemende mate bestendigd. Naarmate de eenzaamheid langer duurt, laten jeugdigen meer en meer het hoofd hangen. De kans op deelname aan het sociale verkeer wordt steeds kleiner.

Tijdelijke eenzaamheid roept een andere reactie op. Jeugdigen die korte tijd eenzaam zijn, zijn meer geneigd daar iets aan te doen. Zij ervaren de eenzaamheid als pijnlijk en willen daarvan af. Zij staan eerder en meer open voor mogelijkheden om in contact te komen met anderen. Als zij daar niet direct in slagen, raken ze gefrustreerd en voelen zich daarna nog meer gemotiveerd om contact te maken met leeftijdgenoten. Wanneer dat steeds maar niet lukt, leggen de tijdelijk eenzame jeugdigen zich uiteindelijk bij de situatie neer en gaat de tijdelijke eenzaamheid over in chronische eenzaamheid.

Of het in de praktijk ook precies zo zal verlopen, hangt af van andere factoren, zoals persoonlijkheidskenmerken en gezinsomstandigheden. Angstige jeugdigen zullen eerder de moed opgeven dan veerkrachtige. Zo maakt het ook verschil of jeugdigen een positieve of negatieve relatie hebben met hun ouders.

2.6 Neemt de eenzaamheid onder jeugdigen toe?

Of in de komende jaren de eenzaamheid onder jeugdigen zal toenemen? Deze vraag bezie ik vanuit verschillende invalshoeken.

Eerst kijk ik naar de cijfers over de voorbije jaren. Is daar een trend zichtbaar? Daarna ga ik na of er signalen zijn die wijzen op een toename van eenzaamheid. Die signalen kunnen schuil gaan in het gedrag van de jeugdigen, maar ook in kenmerken van de samenleving.

2.6.1 Wat zeggen de cijfers?

Afgaande op de cijfers van het CBS is er een stijging van het aantal mensen dat zich eenzaam voelt (◘ tab. 2.3).

In vier jaar tijd is het aantal jeugdigen dat zegt last te hebben van gevoelens van eenzaamheid met bijna 10 % gestegen. Dat is betekent niet dat dit percentage de komende jaren verder zal toenemen. Maar gelet op de stapsgewijze toename is de kans wel groot dat er een verdere stijging zal plaatsvinden.

2.6.2 Signalen van jeugdigen

Als we bedenken dat een centraal kenmerk van eenzaamheid is het ontbreken van relaties met anderen, heeft het zin om te bezien hoeveel contacten en relaties jeugdigen onderhouden. Het gaat daarbij niet alleen om het aantal contacten, maar ook om de kwaliteit ervan. Eén goede, hechte vriend kan belangrijker zijn dan tien oppervlakkige relaties.

2.6 · Neemt de eenzaamheid onder jeugdigen toe?

▫ Tabel 2.3 Aantal mensen dat last heeft van gevoelens van eenzaamheid. Bron: CBS (2016)

	2012	2013	2014	2015
mannen (totaal)	62 %	66 %	65 %	67 %
vrouwen (totaal)	55 %	57 %	57 %	58 %
15–25 jaar	49 %	55 %	54 %	58 %

Een veelgehoorde stelling is dat met de opkomst van het internet en sociale media als Facebook, Instagram en Twitter de onderlinge contacten verschralen. Virtuele relaties nemen steeds meer de plaats in van face-to-facecontacten. Daardoor hebben jeugdigen wel meer contacten met anderen, maar missen die de diepgang van de face-to-facecontacten.

Over dit onderwerp is veel te doen. Ik kom daar in ▶H. 15 uitvoerig op terug. Wat blijkt, is dat er geen aanwijzingen zijn dat de digitale contacten de face-to-facecontacten verdringen. Mensen ontmoeten elkaar wel minder in persoon, maar die trend is al ingezet voordat het internet zijn intrede deed. Het afnemende aantal face-to-facecontacten lijkt een signaal te zijn dat jeugdigen meer op zichzelf willen zijn en voor zover ze gericht zijn op anderen dat liever via de digitale weg doen.

Uit onderzoek valt dus niet te concluderen dat het internet de eenzaamheid onder jeugdigen bevordert. Maar het omgekeerde is evenmin het geval. De explosieve groei van de sociale media en het toenemende gebruik ervan kan de vluchtigheid en oppervlakkigheid mogelijk wel in de hand werken. Het is afwachten.

Een zorgelijk signaal is het toenemend aantal jeugdigen met gedragsproblemen. Er komen steeds meer jeugdigen in de hulpverlening terecht met agressie, depressie, angst, autisme, ADHD, eetproblemen, school/leerproblemen en andere stoornissen. Ook het medicijngebruik onder jeugdigen neemt toe.

Een direct verband met eenzaamheid is er niet. Maar het is wel zo, dat de omstandigheden waaronder deze problemen tot stand zijn gekomen voor een belangrijk deel ook de omstandigheden zijn die de kans op eenzaamheid vergroten. Ik noem hier het volgende:
- meer echtscheidingen die in vechtscheidingen eindigen;
- meer kindermishandeling en huiselijk geweld;
- meer verwaarlozing enerzijds en meer verwenning anderzijds;
- toename van jeugdigen met een migratieachtergrond;
- minder effectieve hulp voor de meest problematische jeugdigen;
- stijgend aantal gezinnen dat leeft rond de armoedegrens.

Hoe kijken jeugdigen zelf naar de toekomst? Waar zijn ze bang voor? Zijn ze bang eenzaam te worden? Ik beschik niet over Nederlandse gegevens, maar wel over onderzoeksresultaten uit Oostenrijk. Engeland en Finland (Lindfors et al. 2012). Daaruit blijkt dat jeugdigen, gevraagd naar hun angsten voor de toekomst, vooral bang zijn voor de dood en voor problemen met de gezondheid, maar ook angst om eenzaam te worden noemen de onderzochte jeugdigen vaak.

Een vergelijking met eerdere jaren laat zien dat bepaalde angsten zijn toegenomen. De angst om eenzaam te worden is in de laatste twee decennia gestegen van 5 naar 20 %.

2.6.3 Signalen vanuit de samenleving

Jeugdigen groeien op in een bepaalde samenleving en worden er ook door beïnvloed. Er zijn in de loop der jaren allerlei typeringen van onze samenleving gegeven. Bekende typeringen zijn (zie ook bijlage 1):
- de geïndividualiseerde samenleving (ieder voor zich):
- de technologische maatschappij (sterke invloed van techniek op het leven);
- de gefragmenteerde samenleving (verkokering);
- de prestatiemaatschappij (alleen prestaties en diploma's tellen);
- de exclusieve maatschappij (geen aandacht voor uitvallers);
- de consumptiemaatschappij (don't worry, be happy).

Dit zijn geen geruststellende typeringen. Integendeel. Het beeld doemt op van een samenleving waarin mensen meer bezig zijn met hun eigen leven en minder aandacht hebben voor anderen. Dit kan een voedingsbodem vormen voor vereenzaming van mensen die niet mee kunnen komen omdat ze niet slim of gewiekst genoeg zijn om te kunnen voldoen aan de gestelde eisen, niet meetellen omdat ze zich te weinig laten gelden, of niet erbij horen omdat ze tot een minderheidsgroep behoren.

Behalve typering van samenlevingen zijn er ook typeringen gegeven van generaties. Zo wordt de huidige generatie wel omschreven als de mediageneratie, de verwende of achterbankgeneratie, de ik-generatie, de generatie Einstein en de grenzeloze generatie. Ook hier hebben de omschrijvingen een negatieve bijklank in zoverre dat ze wel het *ik* en niet het *wij* benadrukken.

Zo zijn de jeugdigen van de grenzeloze generatie (Spangenberg en Lampert 2011) omschreven als minder maatschappijkritisch, minder gehecht aan gemeenschapszin, minder prestatiegericht en minder idealistisch.

In mijn analyse van de huidige jeugd (Ploeg 2015) kom ik tot een gemengd oordeel. Kenmerkend voor de huidige generatie is dat zij enerzijds goed functioneert, veel communiceert en zich graag manifesteert, maar anderzijds vooral wil genieten, erg op zichzelf is betrokken, minder oog heeft voor de ander en vaak geen maat weet te houden.

2.7 De kans op meer eenzaamheid onder jeugdigen is groot

Het is altijd moeilijk om voorspellingen te doen. Het blijft koffiedik kijken. Dat geldt ook voor de vraag of de eenzaamheid onder jeugdigen zal toenemen.

Diverse onderzoekers hebben zich met deze vraag beziggehouden. Vaak wordt dan gewezen op aspecten als:
- de verminderde invloed van gezamenlijke tradities;
- de sterke nadruk op het individu;
- de talrijke internetmogelijkheden die de face-to-facecontacten en relaties bedreigen.

Daar voeg ik aan toe:
- de stijgende cijfers van het aantal eenzame jeugdigen;
- het toenemend aantal jeugdigen met problemen;
- de explosieve groei van het digitale verkeer;
- de aanhoudende negatieve typeringen van de samenleving en van de jeugdigen.

De gesignaleerde ontwikkelingen wijzen erop dat de kans groot is dat de eenzaamheid onder jeugdigen zal toenemen. Maar ook als zal blijken dat het aantal eenzame jeugdigen niet groter wordt, dan nog verdienen eenzame jeugdigen meer aandacht.

Elke eenzame jeugdige is er één te veel.

Literatuur

Centraal Bureau voor de Statistiek (2016). J. Beuningen van & S. Wit de (Red.), *Eenzaamheid in Nederland*. Den Haag: CBS.

EenVandaag (2014). *Eenzaamheid onder jongeren*. Hilversum: !V Jongerenpanel.

Ladd, G. W., & Ettekal, I. (2013). Peer-related loneliness across early to late adolescence. *Journal of Adolescence, 36,* 1269-1282.

Lindfors, P., Solantaus, T., & Rimpela, A. (2012). Fears for the future among Finnisch adolescents in 1983-2007. *Journal of Adolescence, 35,* 991-999.

Ploeg, J. D. van der (2015). *Kijk op de Nederlandse jeugd*. Leuven/Apeldoorn: Garant.

Spangenberg, F., & Lampert, M. (2011). *De grenzeloze generatie en de onstuitbare opmars van de B.V. IK*. Amsterdam: Nieuw Amsterdam.

Vanhalst, J. et. al., (2013). The development of loneliness from mid- to late adolescence. *Journal of Adolescence, 36,* 1305-1312.

Victor, C.R. & Yang, K. (2012). The Prevalence of Loneliness among Adults. *The Journal of Psychology, 146,* 85-104.

Hoe eenzaamheid kan ontstaan

3.1 Inleiding – 22

3.2 De sociale-behoeftetheorie – 22

3.3 De cognitieve theorie – 23

3.4 De sociale-leertheorie – 24

3.5 De stresstheorie – 25

3.6 Het interactionele model – 25

3.7 De biologische invalshoek – 26

3.8 Tot slot – 27

Literatuur – 27

© Bohn Stafleu van Loghum, onderdeel van Springer Media B.V. 2018
J. van der Ploeg, *Eenzaamheid bij jeugdigen*, DOI 10.1007/978-90-368-1953-4_3

> **Intro**
> In het dagblad Trouw van 24 september 2014 wordt verslag gedaan van de lezing die hoogleraar Ivan Wolffers heeft gehouden aan het begin van de Week van de Eenzaamheid. Daarin zegt hij onder meer: Bij ebola schrikken we ons een hoedje, maar eenzaamheid is zeker zo'n grote bedreiging voor het menselijk welzijn.

3.1 Inleiding

Hoe is het ontstaan van eenzaamheid te verklaren? Waarom worden sommige kinderen eenzaam en andere niet? Hebben bepaalde kinderen meer kans op eenzaamheid? Zit eenzaamheid in de genen of in de opvoeding?

Eenzaamheid is een probleem dat – evenals alle andere sociale en emotionele problemen – niet het gevolg is van één factor maar van meerdere factoren, die kunnen liggen in de aanleg, de persoon en/of in de omgeving. En om het nog ingewikkelder te maken: er vindt een voortdurende wisselwerking plaats tussen deze drie gebieden. Die wisselwerking maakt het moeilijk zo niet onmogelijk om precies vast te stellen welke factoren de oorzaak zijn van eenzaamheid.

Om toch greep te krijgen op de mogelijke oorzaken van eenzaamheid benaderen wetenschappers het probleem vanuit een bepaalde visie. Daarin laten zij zien hoe zij het gedrag van jeugdigen verklaren en wat zij het centrale aspect vinden in de ontwikkeling van jeugdigen. Vanuit die visie bekijken zij ook het ontstaan van eenzaamheid. Wetenschappers denken daar verschillend over. Ik geef hier de vier belangrijkste visies (theorieën) weer op het ontstaan van eenzaamheid.

3.2 De sociale-behoeftetheorie

Deze theorie gaat ervan uit dat elk mens een fundamentele behoefte heeft aan zinvolle sociale relaties. Deze behoefte is universeel en behoort tot het wezen van de mens. Elk mens zoekt daarom naar relaties met anderen. Als hij er niet in slaagt wederzijds betekenisvolle relaties aan te gaan, ontstaat eenzaamheid. Relaties zijn als water voor de dorstige en als voedsel voor de hongerige. Zonder relaties dreigt eenzaamheid.

Aan welke relaties moeten we hier denken?

In de eerste plaats gaat het om relaties die tegemoet komen aan de behoefte aan veiligheid en geborgenheid. Dit zijn meestal de relaties met de ouders. Zij bieden de nodige warmte en vertrouwdheid. Dat maakt dat kinderen zich veilig aan hun ouders kunnen hechten. Deze relatie zorgt ervoor dat met het ouder worden gemakkelijker nieuwe relaties worden aangegaan met familie, vrienden, klasgenoten en anderen.

Waar de eerste relatie met de ouders tegemoet komt aan de behoefte aan veiligheid en geborgenheid, komen de latere relaties tegemoet aan andere behoeften. Deze nieuwe relaties voorzien in de behoefte aan waardering, de behoefte erbij te horen, de behoefte aan vertrouwen, de behoefte om samen plezier en leed te delen en de behoefte om je met een ander te meten. Zo kan er een netwerk aan relaties groeien waarbinnen uiteenlopende contacten ontstaan die samen ervoor zorgen dat een jeugdige zich op een zinvolle manier verbonden voelt met anderen.

Er zijn echter ook jeugdigen die niet tot bevredigende relaties komen. Hoe komt dat? Waarom zien deze jeugdigen geen kans gestalte te geven aan hun fundamentele behoefte aan sociale relaties en contacten met anderen?

Om te beginnen zijn er kinderen die zich niet veilig hebben kunnen hechten omdat de ouders hen verwaarloosden of mishandelden. Van deze kinderen is bekend dat zij hun leven lang problemen kunnen hebben met het aangaan van nieuwe relaties.

Ook andere omstandigheden kunnen bindingsproblemen veroorzaken, zoals een verhuizing of gepest worden. Kinderen kunnen ook van slag raken door het verlies van een ouder of een vriend. Zij kunnen door deze negatieve ervaringen zo getraumatiseerd raken, dat zij in hun schulp kruipen, zich afzonderen en geen pogingen doen om relaties met anderen aan te gaan. Bij al deze kinderen ligt eenzaamheid op de loer.

Verder kunnen bepaalde persoonlijkheidskenmerken in de weg staan om te komen tot zinvolle sociale relaties. Onderzoek wijst uit dat eenzame jeugdigen heel vaak erg verlegen zijn, zich snel terugtrekken en bang zijn dat anderen hen niet aardig vinden. Ook blijken eenzame jeugdigen vaak impulsief en agressief te zijn. Deze jeugdigen stoten door hun gedrag anderen van zich af. Niemand wil graag met deze jeugdigen bevriend raken.

Deze persoonlijkheidskenmerken leiden niet per se tot eenzaamheid, maar vergroten wel de kans daarop.

3.3 De cognitieve theorie

Waar de sociale-behoeftetheorie het belang benadrukt van de fundamentele behoefte aan relaties met anderen, gaat de cognitieve theorie ervan uit dat het bij jeugdigen tijdens hun ontwikkeling vooral draait om de cognitieve processen die zich binnen het individu afspelen. Centraal staat hier de manier waarop jeugdigen omgaan met de prikkels die op hen afkomen. Deze prikkels vloeien voort uit gebeurtenissen en situaties waarmee een jeugdige wordt geconfronteerd en zet vervolgens een proces in gang. In dit cognitieve verwerkingsproces zijn de volgende stappen te onderscheiden:
- de waarneming (wat zien en horen jeugdigen en wat maken zij mee; waar hebben zij wel en geen aandacht voor, welke details merken zij al of niet op);
- de interpretatie (welke betekenis geven zij aan wat ze zien, horen en meemaken; wat slaan ze op in hun geheugen en wat niet);
- het gedrag (welk gedrag vinden zij het meest gepast als reactie op wat ze zien, horen en meemaken).

Dit verwerkingsproces zorgt ervoor dat jeugdigen situaties goed doorzien, de juiste beslissingen nemen en zinvolle relaties met anderen weten aan te gaan en te onderhouden.

Als het verwerkingsproces echter gaat haperen, kunnen jeugdigen gebeurtenissen vertekend waarnemen en situaties onjuist beoordelen. Het gevolg is dat zij verkeerde conclusies trekken en onware beelden in hun hoofd opslaan. De reacties van jeugdigen op wat ze meemaken, zijn dan niet meer afgestemd op de werkelijkheid.

Ook bij eenzame jeugdigen is er sprake van een verstoord cognitief verwerkingsproces. Zij hebben vooral oog voor de negatieve kanten van wat zij meemaken, onthouden de onaangename voorvallen en kunnen zo tot de conclusie komen dat zij niet deugen en dat anderen een hekel aan hen hebben. Ze denken vaak dat ze saai en kleurloos zijn en daarom geen vrienden hebben. Ook denken ze dat ze daar niets aan kunnen veranderen.

Eenzame jeugdigen ontwikkelen op die manier allerlei vooroordelen. Ze zijn hypergevoelig voor signalen die hun vooroordelen bevestigen. Ze zijn er zo van overtuigd dat anderen hen niet zien zitten, dat zij geen moeite doen om relaties aan te gaan met anderen. Ze trekken zich meer en meer terug.

De eenzaamheid kan ook het gevolg zijn van veel te hoge verwachtingen van relaties met anderen. Als aan die verwachtingen niet wordt voldaan, raken jeugdigen teleurgesteld en haken zij af. Vaak beschuldigen ze onterecht de ander ervan dat hij/zij de relatie heeft laten stuklopen. Dat leidt tot een bepaalde beeldvorming die ervoor zorgt dat eenzame jeugdigen anderen blijven wantrouwen.

Zo leidt het cognitieve verwerkingsproces bij eenzame jeugdigen enerzijds tot een groot gebrek aan vertrouwen in de ander en anderzijds tot een groot tekort aan zelfvertrouwen.

3.4 De sociale-leertheorie

Deze theorie ziet het gedrag vooral als geleerd gedrag. Jeugdigen leren tijdens hun ontwikkeling hoe zij zich moeten gedragen tegenover anderen. Doordat stelselmatig gewenst gedrag wordt gewaardeerd (belonen) en ongewenste gedrag wordt genegeerd of bestraft, maken jeugdigen zich gedrag eigen. Het gedrag van jeugdigen komt eveneens tot stand door het volgen van het gedrag van anderen. Aanvankelijk zijn de ouders de belangrijkste modellen, later zijn dat de vrienden.

Gedrag aanleren vindt plaats op drie terreinen:
- thuis (kinderen leren van hun ouders hoe zij zich hebben te gedragen en nemen het gedrag van de ouders over);
- op school (in de omgang met klasgenoten en leerkrachten leren kinderen weer andere gedragingen);
- in de vrije tijd (leiders van sportclubs of andere vrijetijdsverenigingen kunnen eveneens het gedrag van jeugdigen beïnvloeden).

Onder normale omstandigheden zullen jeugdigen zich ontwikkelen tot personen die goed met anderen weten om te gaan. Zij hebben geleerd hoe je relaties aangaat en hoe je die onderhoudt, hoe je ruzies oplost of kunt voorkomen, hoe je oog hebt voor de gevoelens en meningen van anderen en hoe je samen kunt werken. Kortom deze jeugdigen hebben zich de vaardigheden eigen gemaakt om goed te kunnen functioneren in uiteenlopende situaties en met verschillende personen.

Jeugdigen die opgroeien bij ouders die weinig of geen aandacht voor hen hebben, lopen het risico ongewenst gedrag te ontwikkelen. Zij leren bijvoorbeeld niet om hun impulsen te beheersen en hoe om te gaan met hun emoties en angsten. Dat zal nog meer het geval zijn als de ouders zelf met asociaal gedrag een slecht voorbeeld geven.

Deze jeugdigen lopen het risico de aansluiting bij anderen te missen. Dat vergroot de kans op eenzaamheid.

Het blijkt dat deze eenzame jeugdigen dikwijls een lange reeks van negatieve ervaringen in het aangaan en afbreken van relaties achter de rug hebben. Telkens weer lopen hun relaties om uiteenlopende redenen stuk. De ene keer maken ze ruzie en weten ze dat niet op een aanvaardbare manier op te lossen waardoor het conflict escaleert. De andere keer hebben ze niet in de gaten wat er in de ander omgaat, hebben ze geen oog voor de gevoelens van anderen en gedragen ze zich als een olifant in een porseleinkast. Deze jeugdigen hebben zich tijdens hun opvoeding onvoldoende basisvaardigheden eigengemaakt om op een adequate manier relaties met anderen aan te gaan. Hierdoor raken zij gemakkelijk geïsoleerd en eenzaam.

Het is niet de eenzaamheid die wordt geleerd, maar het zijn de sociale en emotionele vaardigheden om eenzaamheid te voorkomen die niet zijn geleerd!

3.5 De stresstheorie

Vanuit deze theorie wordt de eenzaamheid verklaard vanuit de aanhoudende stress waaronder jeugdigen gebukt kunnen gaan. Pesten of het overlijden van een ouder kunnen veel stress veroorzaken. Jeugdigen die met deze en andere stresserende situaties niet goed weten om te gaan, komen in problemen. Eenzaamheid is een van die problemen.

Stress is de ervaring of beleving dat het evenwicht tussen draaglast en draagkracht verstoord dreigt te raken of al verstoord is. Draagkracht betekent hier het vermogen om adequaat om te gaan met dreigende omstandigheden of gebeurtenissen. Draaglast heeft betrekking op de belasting die een bepaalde gebeurtenis of situatie met zich meebrengt, bijvoorbeeld een scheiding, het verlies van een dierbaar persoon, een verbroken vriendschap, een verhuizing of een examen.

Bij draagkracht moeten we denken aan de krachten die een jeugdige kan mobiliseren vanuit zijn persoonlijkheid en omgeving om de stress de baas te worden die voortvloeit uit de dreigende gebeurtenis of situatie waarin de jeugdige is terechtgekomen. De situatie die de stress oproept, wordt dikwijls aangeduid als de *stressor*. Bij eenzaamheid is pesten vaak de stressor, maar het kan ook mishandeling, verkrachting, afwijzing en de dood van een dierbare zijn. Eenzame jeugdigen missen de vaardigheden om met stress om te gaan. Op deze zogeheten copingvaardigheden kom ik terug in ▶ par. 4.3. Daar zal ook blijken dat stress een veel gecompliceerder verschijnsel is dan het populaire begrippenpaar draaglast en draagkracht suggereert.

3.6 Het interactionele model

Het gedrag wordt binnen dit model beschouwd als het resultaat van een samenspel tussen meerdere factoren. Dat geldt ook voor het ontstaan van eenzaamheid.

In de eerste plaats gaat het hier om persoonlijke factoren. Elke jeugdige ontwikkelt na verloop van tijd een eigen identiteit, die is opgebouwd met verschillende bouwstenen. Binnen de psychologie zijn veel van deze bouwstenen (persoonlijkheidskenmerken) in beeld gebracht, zoals zelfvertrouwen, zelfbeheersing, creativiteit en openheid. Er kan ook sprake zijn van ongunstige persoonlijkheidskenmerken.

Als het om eenzame jeugdigen gaat, worden onder meer de volgende ongunstige kenmerken genoemd:
- verlegenheid,
- zich terugtrekken,
- sociale onhandigheid,
- instabiliteit,
- laag zelfbeeld,
- gebrek aan zelfbeschikking (voelt zich onmachtig).

Behalve deze kenmerken kunnen ook persoonlijkheids- en ontwikkelingsstoornissen de kans op eenzaamheid vergroten. Denk aan jeugdigen met autisme en/of ADHD.

In de tweede plaats zijn de omstandigheden medebepalend voor het ontstaan van gedrag. Het blijkt dat eenzame jeugdigen vaak zijn opgegroeid onder ongunstige omstandigheden. Het gaat hier onder meer om de volgende factoren:

- negatieve opvoeding (gebrek aan warmte, verwaarlozing, mishandeling, autoritair optreden);
- ongunstige gezinssituatie (scheiding, ruzies, veel verhuizingen, ouders met psychische problemen);
- schokkende ervaringen (langdurige ziekte, overlijden van gezinslid);
- afwezigheid van een sociaal netwerk (contacten met buren en familie vermijden of zich ervoor afsluiten).

Ten derde kunnen (sub)culturele invloeden een rol spelen in het ontstaan van eenzaamheid. Daartoe behoren in de eerste plaats de heersende normen en waarden, maar ook collectieve opvattingen en opstellingen. Die geven de samenleving een bepaald gezicht. De cultuur kan per land verschillen. Zo heersen in Azië en Afrika ander normen en waarden dan in Europa. Ook de religie is van invloed op het gedrag en die invloed kan per land verschillen.

Als jeugdigen in Nederland afkomstig zijn uit een land met een andere cultuur en religie en onvoldoende zijn geïntegreerd, kan dat voor aanpassingsproblemen zorgen en eenzaamheid in de hand werken.

Verder kan ook de sociaal-economische positie indirect invloed hebben op het gedrag en daarmee ook op het ontstaan van eenzaamheid. Jeugdigen die leven in gezinnen in een achterstandssituatie (geen werk, laag inkomen, laag opgeleid) hebben meer kans om eenzaam te worden.

Het interactionele model geeft aan dat de eenzaamheid van jeugdigen niet alleen is te verklaren vanuit persoonlijkheidskenmerken en gezinssituaties, maar dat ook rekening moet worden gehouden met de culturele invloeden.

3.7 De biologische invalshoek

Er is de laatste jaren een toenemende aandacht voor de vraag of het ontstaan van eenzaamheid mogelijk ook een biologische basis heeft. Heeft de ene jeugdige in aanleg meer kans om eenzaam te worden dan de andere? En zo ja hoe komt dat? In ▶H. 6 ga ik uitvoerig in op deze vraag.

Het onderzoek naar de rol van aanleg op gedrag is al heel lang aan de orde in de befaamde nature-nurturediscussie. Een definitief antwoord is er niet en zal ook nog wel even op zich laten wachten, zo het er ooit komt. Wel wordt er de laatste jaren steeds meer natuurwetenschappelijk onderzoek gedaan naar hoe ons brein functioneert. Deze kennis geeft weliswaar een dieper inzicht in hoe gedrag tot stand komt, maar hoe dat precies in zijn werk gaat, weten we nog lang niet. Er is ook nog weinig bekend over de biologische mechanismen die mogelijk een rol spelen bij eenzaamheid.

Dat er een verband is tussen aanleg en eenzaamheid staat wel vast. Dankzij het tweelingenonderzoek weten we dat vrij zeker. De eerste onderzoekers die vermoedden dat eenzaamheid samenhangt met een in aanleg gegeven biologische factor waren McGuire en Clifford (2000). Op basis van hun onderzoek onder broertjes en zusjes die in pleeggezinnen opgroeiden, zijn we veel wijzer geworden. Zij vergeleken de broertjes en zusjes met dezelfde biologische ouders met de broertjes en zusjes met verschillende biologische ouders. Dat leverde op dat eenzaamheid sterk biologisch is bepaald. Later is dat in tweelingenonderzoeken herhaaldelijk bevestigd.

Dat kinderen niet als een onbeschreven vel papier ter wereld komen, is al heel lang bekend. Aanwijzingen voor verschillen in aanleg zijn sterk in het vizier gekomen met de vaststelling dat kinderen in temperament van elkaar verschillen. Het blijkt dat kinderen met veel temperament anders reageren en zich anders gedragen dan kinderen met weinig temperament. De eerste groep is druk, snel afgeleid en reageert te sterk en te intens op wat er in de directe omgeving gebeurt. De tweede groep reageert daarentegen traag, uit zich weinig en is weinig gevoelig voor wat er in de nabije omgeving plaatsvindt.

Verder onderzoek heeft geresulteerd in vergelijkbare tweedelingen, bijvoorbeeld ongeremde kinderen tegenover geremde kinderen. Het onderscheid in kinderen die overal op afvliegen en kinderen die blijven zitten waar ze zitten, is ook vastgelegd in een tweedeling die bekend staat onder de namen behavioral inhibition system (BIS) en behavioral approach system (BAS). Deze beide biologisch bepaalde neigingen (predisposities) behoren tot de toerusting van ieder kind en zorgen ervoor dat kinderen zich op een evenwichtige en sociale wijze ontwikkelen. Dat wil zeggen: enerzijds niet te verlegen of teruggetrokken en anderzijds niet te overrompelend of opdringerig.

3.8 Tot slot

In dit hoofdstuk is vanuit verschillende invalshoeken gezocht naar mogelijke verklaringen voor eenzaamheid. Zo is gesteld dat eenzaamheid voortkomt uit:
- onmacht en onvermogen om sociale relaties aan te gaan;
- een onjuiste manier van informatieverwerking;
- ongunstige (gezins)omstandigheden;
- aanhoudende stress;
- de wisselwerking tussen persoon, omgeving en cultuur;
- aanleg.

De ene theorie heeft niet meer geldigheid dan de andere. Elke theorie heeft haar verdienste. Zo legt de sociale-behoeftetheorie de nadruk op het pijnlijke gemis aan betekenisvolle relaties, laat de cognitieve theorie zien hoe eenzame jeugdigen zichzelf en anderen negatief waarnemen en beoordelen, brengt de sociale-leertheorie naar voren dat eenzame jeugdigen over onvoldoende basisvaardigheden beschikken, laat de stresstheorie zien dat het bij eenzame jeugdigen schort aan het vermogen om met moeilijke situaties om te gaan en geeft de interactionele benadering aan dat eenzaamheid voortvloeit uit een wisselwerking tussen persoon, situatie en cultuur. Van een genetische invloed weten we nog weinig, maar de aanwijzingen zijn er wel.

Literatuur

McGuire, S., & Clifford, J. (2000). Genetic and environmental contributions to loneliness in children. *Psychological Science, 11*, 487–491.

Eenzaamheid, een serieus probleem

4.1	Inleiding – 30
4.2	Gedragsproblemen – 31
4.2.1	Verlegen, teruggetrokken gedrag – 31
4.2.2	Gebrek aan sociale vaardigheden – 31
4.2.3	Gebrek aan stressbestendigheid – 31
4.2.4	Gebrek aan vrienden – 31
4.3	Negatieve emoties – 32
4.3.1	Depressie – 32
4.3.2	Sociale angst – 32
4.3.3	Gebrek aan emotionele vaardigheden – 32
4.4	Cognities – 32
4.4.1	Laag zelfbeeld – 33
4.4.2	Gebrek aan zelfbeschikking – 33
4.4.3	Negatieve manier van denken – 33
4.5	Samenhang tussen gedrag, emoties en cognities – 33
4.6	Fysieke problemen – 34
4.7	Eenzaamheid op drie leefgebieden – 34
4.7.1	Gezin – 34
4.7.2	School – 35
4.7.3	Vrije tijd – 35
4.8	Is eenzaamheid een ziekte? – 35
	Literatuur – 36

© Bohn Stafleu van Loghum, onderdeel van Springer Media B.V. 2018
J. van der Ploeg, *Eenzaamheid bij jeugdigen*, DOI 10.1007/978-90-368-1953-4_4

> **Intro**
> In de folder van de Londense actiegroep Campaign to End Loneliness staat te lezen.
>
> » Eenzaamheid is schadelijk voor de gezondheid evenals roken, obesitas, hoge bloeddruk en niet bewegen. Het is even ongezond als vijftien sigaretten per dag roken.
>
> Dit schrikaanjagende beeld moet met een flinke korrel zout worden genomen. Maar dat eenzaamheid voor jeugdigen serieuze schadelijke gevolgen kan hebben, staat vast.

4.1 Inleiding

Onderzoek naar eenzaamheid onder jeugdigen is vooral gericht op de vraag wat hun problemen zijn en waarin zij verschillen van niet-eenzame jeugdigen. Maar daarmee is nog niet gezegd welke problemen de oorzaak zijn van eenzaamheid en welke het gevolg. Heeft een jongen last van angsten en komt hij daardoor in eenzaamheid te verkeren? Of zijn de angsten een gevolg van zijn eenzaamheid? Is een meisje depressief en leidt dat tot eenzaamheid? Of zijn de depressieve klachten een gevolg van haar eenzaamheid?

We stuiten hier op de bekende kip-eidiscussie. Wat was er eerder, de kip of het ei? Dit is een bekend thema in de psychologie: veel verschijnselen hangen immers niet alleen met elkaar samen, maar beïnvloeden elkaar ook wederzijds. De angstige, eenzame jongen wordt door zijn eenzaamheid nog angstiger en door zijn angst nog eenzamer. Het eenzame en depressieve meisje wordt door haar eenzaamheid nog depressiever en verzinkt daardoor nog verder in haar eenzaamheid.

Dergelijke wisselwerkingen maken het uiterst moeilijk om een onderscheid te maken tussen oorzaak en gevolg. Toch blijft de wetenschap zich veel moeite getroosten om deze verbanden te ontrafelen. Voor de hulpverlening aan eenzame jeugdigen is het namelijk belangrijk te weten wat de oorzaken zijn van de eenzaamheid.

Voor enkele aspecten, zoals verlegenheid, angst en gebrekkige sociale vaardigheden, zijn aanwijzingen gevonden dat zij eerder de oorzaak zijn van eenzaamheid dan het gevolg. We komen daarop terug in ▶H. 11.

In dit hoofdstuk doe ik geen uitspraak over de kwestie van oorzaak en gevolg. Daarover bestaat nog te veel onduidelijkheid behalve als het gaat om fysieke problemen. Die zijn duidelijk een gevolg van eenzaamheid (▶par. 4.6).

Ik breng hier de problemen in kaart die zich bij eenzame jeugdigen kunnen voordoen aan de hand van vier aspecten: gedragingen, emoties, cognities en fysieke gesteldheid. De problemen zijn niet altijd strikt van elkaar te onderscheiden, er is vaak enige overlap. Ik maak hierbij onder meer gebruik van twee belangrijke overzichtsstudies: Heinrich en Gullone (2006) en Mahon et al. (2006). Zij namen elk een groot aantal studies naar eenzaamheid bij jeugdigen onder de loep.

Verder sta ik in dit hoofdstuk stil bij de drie leefgebieden waarop de problemen van eenzaamheid bij jeugdigen zich kunnen voordoen: op school, in het gezin en daarbuiten.

4.2 Gedragsproblemen

Eenzame jeugdigen vallen vaak op door hun gedrag. Zij laten zich weinig zien en horen en voor zover zij dat wel doen maken ze vaak de verkeerde opmerkingen om daarna weer snel in hun schulp te kruipen. We noemen hier vier concrete gedragsproblemen.

4.2.1 Verlegen, teruggetrokken gedrag

Eenzame jeugdigen trekken zich het liefst terug uit contacten met anderen en zijn erg in zichzelf gekeerd. Ze praten niet veel. Typerend is ook dat zij niet goed voor zichzelf op komen. Zij laten zich gauw overdonderen door anderen. Het zijn bange jeugdigen die overal beren op de weg zien. Het begrip 'gezelligheid' gaat aan hen voorbij.

4.2.2 Gebrek aan sociale vaardigheden

Eenzame jeugdigen missen vaak de basisvaardigheden om relaties op te bouwen met anderen. Ze weten niet goed hoe zij zich in sociale situaties moeten gedragen. Ze doorzien die situaties vaak niet, geven er een verkeerde uitleg aan en reageren dan op een inadequate manier. Verder kunnen ze niet goed samenwerken met anderen, hetgeen kan leiden tot ruzies en conflicten. Vaak kost het hen moeite om zich aan regels en afspraken te houden. Zij zien het belang ervan niet in.

4.2.3 Gebrek aan stressbestendigheid

Iedere jeugdige krijgt te maken met stress en leert daarmee omgaan. Eenzame jeugdigen blijken niet met spanningen om te kunnen gaan. In plaats van actief te reageren, bijvoorbeeld door zich met een hobby bezig te houden, een eind te gaan lopen of te sporten, een boek te lezen, te gaan winkelen of muziek te draaien, verzinkt de eenzame jeugdige in passiviteit en gaat piekeren, televisiekijken of drinken.

4.2.4 Gebrek aan vrienden

Jeugdigen die zich eenzaam voelen, ontbreekt het veelal aan vrienden en bekenden. En voor zover zij nog wel relaties hebben met anderen, ondervinden ze daar geen steun van. Zij hebben het gevoel overal alleen voor te staan. In hun beleving is er niemand op wie ze een beroep kunnen doen om hen te helpen; niemand om iets van te lenen of een goed advies van te ontvangen; niemand die hen een schouderklopje zal geven (zie verder ►H. 13).

4.3 Negatieve emoties

Eenzaamheid brengt veel negatieve emoties met zich mee. Het geeft onder meer verdriet, verwarring, achterdocht en pessimisme. De volgende emoties worden vaak in verband gebracht met eenzaamheid.

4.3.1 Depressie

Dit is ongetwijfeld het belangrijkste probleem van eenzame jeugdigen. Zij worden beheerst door gevoelens van somberheid en neerslachtigheid. Ze voelen zich waardeloos, overbodig en zien tegen alles op. De belangstelling voor allerlei activiteiten is verdwenen. Kortom, ze zitten in de put en hebben weinig hoop dat hun situatie zal veranderen. In het verlengde van hun negatieve gevoelens komen bij eenzame jeugdigen ook gedachten aan suïcide voor. In een enkel geval komt het er ook van. Eenzaamheid wordt hierbij gezien als een factor die uiteindelijk doorslaggevend kan zijn (zie verder ▶H. 14).

4.3.2 Sociale angst

Eenzame jeugdigen zijn vaak gespannen en angstig. Ze trekken zich gauw terug en kiezen er liever voor alleen te blijven dan in contact te komen met anderen met het risico je neus te stoten. Ze zijn bang voor kritiek, bang om te horen dat anderen een hekel aan hen hebben, bang te worden afgewezen. De sociale angst belemmert eenzame jeugdigen om deel te nemen aan sociale activiteiten. Na schooltijd gaan ze het liefst zo snel mogelijk naar huis en kruipen ze achter de computer. Bij jonge kinderen kan sociale angst zich uiten in veel huilen, terwijl bij oudere kinderen het kan leiden tot passiviteit en zwijgzaamheid. Sociaal angstige jeugdigen zijn vaak verlegen, geremd en bang voor nieuwe situaties.

4.3.3 Gebrek aan emotionele vaardigheden

Eenzame jeugdigen hebben vaak geen oog voor de emoties van anderen Zij missen het vermogen om zich te verplaatsen in een ander en te begrijpen wat er in de ander omgaat Het ontbreekt hen aan empatisch vermogen. Zij voelen sociale situaties vaak niet goed aan en doorzien niet voldoende wat er speelt. Ze hebben dikwijls ook geen goede kijk op hun eigen emoties, niet om ze te begrijpen en niet om ze te hanteren.

Omdat ze uiteenlopende situaties niet goed weten te interpreteren worden ze onzeker en/of agressief.

4.4 Cognities

In deze paragraaf staan we stil bij de vraag wat er omgaat in het hoofd van eenzame jeugdigen. Wat denken zij van hun situatie?

4.4.1 Laag zelfbeeld

Eenzame jeugdigen beschouwen zichzelf op uiteenlopende aspecten minder capabel dan andere jeugdigen. Ze vinden bijvoorbeeld dat ze minder slim, minder sportief, minder sociaal, minder handig of uiterlijk minder aantrekkelijk zijn. Zij zijn geneigd zichzelf te zien als waardeloos en als iemand die helemaal niets te betekenen heeft. Op den duur kan dat ertoe leiden dat zij een hekel aan zichzelf krijgen. Kenmerkend is ook dat zij geen vertrouwen in zichzelf hebben.

4.4.2 Gebrek aan zelfbeschikking

Dit kenmerk verwijst naar het onvermogen om in te zien dat je zelf invloed kunt uitoefenen op de manier waarop je leven verloopt. Eenzame jeugdigen voelen zich vooral slachtoffer van de omstandigheden. Omstandigheden die zij niet kunnen veranderen. Zij leggen zich erbij neer en denken dat zij machteloos staan tegenover wat hen overkomt. Zij zijn geneigd hun eenzaamheid te beschouwen als de schuld van anderen.

4.4.3 Negatieve manier van denken

In het hoofd van de eenzame jeugdigen heeft het idee postgevat dat iedereen tegen ze is. Ze zijn hypergevoelig voor signalen die erop kunnen wijzen dat ze niet oké zijn. Het zijn vooral de negatieve ervaringen die zij in het geheugen opslaan en die bevestigen dat ze niet deugen. Dat brengt hen er niet alleen toe anderen te ontlopen, maar heeft ook tot gevolg dat zij hevig aan zichzelf gaan twijfelen en zichzelf de schuld ervan geven dat zij eenzaam zijn. Wat hen overkomt, ligt aan henzelf.

4.5 Samenhang tussen gedrag, emoties en cognities

Eenzaamheid gaat gepaard met veel verschillende gevoelens, denkbeelden en gedragingen. Om dat te illustreren refereer ik aan de ervaringen die Jeffrey Young (1982) als psychiater vastlegde op basis van zijn behandelingen van eenzame personen. Dat door mij aangepaste overzicht laat zien hoe bepaalde problemen gepaard gaan met verschillende gedragingen, emoties en cognities (◻tab. 4.1).

Het hier gepresenteerde overzicht laat zien hoe emoties, cognities en gedragingen met elkaar kunnen samenhangen. Een jeugdige met een laag zelfbeeld voelt zich waardeloos, denkt dat er iets mis is met hem/haar en vermijdt vervolgens contacten met anderen. De sociaal onhandige jeugdige voelt zich gefrustreerd, denkt dat niemand hem/haar mag en begrijpt de anderen niet.

De combinaties kunnen van jeugdige tot jeugdige verschillen.

Tabel 4.1 Samenhang tussen emoties, cognities en gedragingen

probleem	emoties voelt zich:	cognities denkt:	gedrag gedraagt zich:
laag zelfbeeld	waardeloos	er is iets mis met mij	vermijdt contacten
sociale angst	onzeker	mensen wijzen me af	vermijdt contacten
wantrouwen	verbitterd	ieder voor zichzelf	bang voor relaties
sociaal onhandig	gefrustreerd	niemand mag me	begrijpt de ander niet
in zichzelf gekeerd	geïsoleerd	zitten niet op mij te wachten	laat zich niet zien
wijst zichzelf af	schuldig	anderen kwetsen me	ontloopt anderen
passief/inactief	ambivalent, boos	word altijd bekritiseerd	niet assertief

4.6 Fysieke problemen

Eenzaamheid blijkt fysieke problemen tot gevolg te kunnen hebben. Het zijn vooral psychosomatische klachten, zoals slecht slapen, hoofdpijn en vermoeidheid, die eenzame jeugdigen parten kunnen spelen. Ook bloedarmoede en hyperventilatie komen meer voor bij eenzame dan bij niet-eenzame jeugdigen. Verder kan eenzaamheid ook leiden tot een verhoogde bloeddruk en een te hoog cholesterolgehalte, en daarmee op den duur tot meer kans op hart- en vaatziekten. Dit maakt wel duidelijk hoe ernstig de gevolgen van eenzaamheid kunnen zijn.

De gezondheidsproblemen zijn een gevolg van eenzaamheid en niet de oorzaak. Jeugdigen worden niet eenzaam omdat ze slecht slapen of vaak moe zijn.

De relatie tussen eenzaamheid en gezondheidsproblemen is nog weinig onderzocht en verdient meer belangstelling aangezien gezondheidsproblemen steeds vaker in verband worden gebracht met eenzaamheid. Eenzaamheid wordt meer en meer gezien als een bedreiging van de fysieke gezondheid.

4.7 Eenzaamheid op drie leefgebieden

De eenzaamheid kan zich op drie terreinen afspelen: thuis, op school en in de vrije tijd. Eenzame jeugdigen kunnen zich op een van deze gebieden eenzaam voelen, maar vaak zijn ze eenzaam op alle drie terreinen.

4.7.1 Gezin

Jeugdigen kunnen zich in het gezin erg eenzaam voelen. De kans daarop is groot als zij opgroeien in een gezin waar zij geen warmte, steun en begeleiding krijgen. Zij kunnen dan geen hechte relatie met hun ouders ontwikkelen. Voor een gezonde ontwikkeling is een veilige gehechtheid aan ouders onmisbaar. Het ontbreken hiervan voorspelt weinig goeds voor de latere ontwikkeling. Onveilig gehechte kinderen krijgen met het ouder worden vaak problemen bij het aangaan van relaties met leeftijdgenoten.

Ook de manier waarop ouders met emoties omgaan is van invloed. Ouders die in het gezin geen ruimte geven voor het uiten van gevoelens en niet de tijd nemen om in te gaan op de emoties van hun kinderen, leren hun kinderen niet om hun emoties te begrijpen, te reguleren en te hanteren. Vaak zijn het gezinnen waarin veel wordt geschreeuwd, geruzied en gescholden met weinig respect voor elkaar (Durrell Johnson et al. 2001).

Jeugdigen kunnen onder dit soort omstandigheden verschillend reageren. Enerzijds zijn er jeugdigen die er onderdoor gaan, geen verweer hebben, kwetsbaar worden en daarmee vatbaarder voor gevoelens van eenzaamheid. Anderzijds zijn er jeugdigen die zich afsluiten voor de misère thuis, hun eigen gang gaan en zich niet houden aan gangbare regels en normen. Zij staan er alleen voor.

In ▶H. 5 komen we uitvoerig terug op de rol van het gezin.

4.7.2 School

Ook op school kunnen jeugdigen zich eenzaam voelen. Het gaat vaak om leerlingen die worden gepest of in de klas worden genegeerd. Zij voelen zich niet opgenomen in de klas. Het isolement waarin eenzame kinderen terecht zijn gekomen, ontneemt hen vaak de drang en de motivatie om zich in te spannen. Als je toch niet meetelt, waarom zou je dan je best doen?

Eenzame jeugdigen blijken op school beneden hun mogelijkheden te presteren. De eenzaamheid verdragen vergt zoveel energie, dat het huiswerk erbij inschiet. Vaak blijken eenzame jeugdigen de school niet af te maken.

4.7.3 Vrije tijd

De eenzaamheid van jeugdigen is goed zichtbaar in de geringe activiteiten die zij buitenshuis ondernemen. Ze zijn meestal geen lid van een sportclub, gaan zelden of nooit op stap met vrienden of bekenden en laten schoolfeestjes het liefst aan zich voorbij gaan. Ze voelen zich veiliger achter hun computer en steken hun tijd liever in gamen.

In ▶H. 9 komen we terug op de vrijetijdsbesteding van eenzame jeugdigen.

4.8 Is eenzaamheid een ziekte?

Volgens het handboek voor psychiatrische diagnostiek (de DSM-5) is een psychische stoornis een syndroom met klinisch significante symptomen op het gebied van cognitieve functies, emotieregulatie en gedrag. Deze symptomen belemmeren in sterke mate het dagelijks functioneren en brengen een normale ontwikkeling in gevaar. Zij gaan gepaard met een lijdensdruk: de betrokkene lijdt eronder.

Naar mijn mening is eenzaamheid ook een psychische stoornis. Eenzaamheid gaat immers gepaard met serieuze problemen op meerdere terreinen:

- Op cognitief niveau zien we een verminderde concentratie (slechtere leerprestaties) en negatieve denkbeelden over zichzelf en anderen (laag zelfbeeld en wantrouwen jegens anderen).
- Op emotioneel niveau doen zich problemen voor als angst en depressie, maar ook een gebrek aan empathie en een onvermogen de emoties te reguleren.

- Ook op gedragsniveau zijn er ernstige problemen, zoals: zich terugtrekken in een isolement, zich afsluiten voor anderen en zich sociaal onhandig gedragen.
- Op fysiek niveau doen zich slaapproblemen voor en psychosomatische klachten zoals hoofdpijn en buikpijn.
- Eenzame jeugdigen disfunctioneren op school, in het contact met anderen en hebben vaak problemen met hun ouders.
- Tenslotte gaan eenzame jeugdigen sterk gebukt onder de druk die hun eenzame positie met zich meebrengt. Zij ervaren dagelijks de negatieve gevolgen van het ontbreken van relaties met anderen. De gevolgen van eenzaamheid zijn slecht voor het psychisch en fysiek welzijn van jeugdigen.

Op grond van het voorgaande is duidelijk dat eenzaamheid meer is dan alleen maar een symptoom van een psychische stoornis. Eenzaamheid is zelf een afzonderlijke psychische stoornis en dient als zodanig te worden erkend. Eenzaamheid is een concept dat via betrouwbare instrumenten goed is te bepalen als eigenstandig probleem. Ook zijn er interventies ontwikkeld om eenzaamheid aan te vatten.

Professionele hulpverleners doen er goed aan om eenzaamheid te beschouwen als een duidelijk te onderscheiden psychische stoornis en niet alleen als een symptoom van andere psychische problemen. Eenzaamheid verdient als psychische stoornis een plaats in de handboeken van psychologen en psychiaters.

Literatuur

Heinrich, L. M., & Gullone, E. (2006). The clinical significance of loneliness: A literature review. *Clinical Psychology Review, 26*, 695–718.

Johnson, H. D., Lavoie, J. C., & Mahoney, M. (2001). Interparental conflict and family cohesion. *Journal of Adolescent Research, 16*, 304–318.

Mahon, N., et al. (2006). A meta-analytic study of predictor for loneliness during adolescence. *Nursing Research, 55*, 308–315.

Young, J. E. (1982). Loneliness, depression and cognitive therapy. In L. A. Peplau & D. Perlman (Red.), *Loneliness*. New York: John Wiley and Sons.

Het gezin van eenzame jeugdigen

5.1 Inleiding – 38

5.2 Vijf clusters gezinsproblemen – 39

5.3 Opvoedkenmerken – 39
5.3.1 Responsiviteit – 39
5.3.2 Communicatie – 40

5.4 Het functioneren van het gezin – 40
5.4.1 Organisatie – 40
5.4.2 Sociaal netwerk – 40

5.5 Partnerrelatie – 41

5.6 Het gezin als geheel – 41

Literatuur – 42

© Bohn Stafleu van Loghum, onderdeel van Springer Media B.V. 2018
J. van der Ploeg, *Eenzaamheid bij jeugdigen*, DOI 10.1007/978-90-368-1953-4_5

> **Noodkreten**
>
> » Mijn ouders weten niet hoe eenzaam ik ben. Ik kan niet goed met ze opschieten en vertel ze nooit over mijn dag. Ik zou wel met ze willen praten, maar ik praat niet graag over mijn eenzaamheid, want ik ben meer iemand die alles voor zichzelf houdt. Ik denk ook niet dat mensen zich kunnen inleven in het gevoel van eenzaam te zijn.
>
> *Johan, 16 jaar, op de internetsite ▶ Eenzaam.nl*
>
> » Ik heb drie kinderen en een man en wij zijn een eenzaam gezin. Mijn man en ik hebben door allerlei problemen geen contact meer met onze families en vrienden of vriendinnen. Een van onze kinderen is autistisch en ik ben het zelf ook. Ik ben altijd heel eenzaam geweest. Mijn man en ik kunnen op niemand terugvallen. De eenzaamheid van ons gezin breekt me zo langzamerhand op en geeft enorm veel spanningen binnen het gezin.
>
> *Anoniem, op de internetsite Ouders Online (2012)*

5.1 Inleiding

De invloed van het gezin op het gedrag van jeugdigen is groot. Het gezin is te zien als de belangrijkste voedingsbodem voor de ontwikkeling van jeugdigen. Meestal is dat een vruchtbare ondergrond die tot een positieve ontwikkeling leidt. Het komt echter ook voor dat het gezin een negatieve ontwikkeling bij jeugdigen in gang zet. Een problematische gezinssituatie kan tot uiteenlopende problemen bij jeugdigen leiden. Daar hoort ook eenzaamheid bij.

Al decennia lang is het gezin onderwerp van onderzoek en trachten onderzoekers te achterhalen wat de belangrijkste kenmerken van het gezin zijn. Op die manier pogen zij meer inzicht te krijgen in de wijze waarop het gezin het gedrag van jeugdigen beïnvloedt, zowel ten goede als ten kwade. Deze onderzoeken hebben een zeer groot aantal verschillende kenmerken van het gezin in kaart gebracht. Zoveel dat je door de bomen het bos niet meer ziet. Veelzeggend in dit verband is dat eerst Fisher (1976) en later Buehler (2001) op basis van hun overzichtsstudies tot respectievelijk 170 en 57 verschillende gezinsfactoren kwamen.

Ook het onderzoek naar gezinnen van eenzame jeugdigen heeft veel gezinskenmerken aan het licht gebracht. Er is gewezen op afstandelijke, koude en onaangename ouders, op agressief, onbetrouwbaar en onredelijk gedrag van de ouders, op het gebrek aan emotionele steun en communicatie, op aanhoudende conflicten in het gezin en op eenzame ouders.

Het is echter niet zo dat deze kenmerken alleen gelden voor eenzame jeugdigen. Ook jeugdigen met andere problemen groeien op in gezinnen met genoemde problemen. Verder zijn er gezinskenmerken die niet direct aan eenzaamheid zijn gelieerd, maar die wel samen met andere gezinskenmerken kunnen zorgen voor eenzaamheid bij jeugdigen.

Om in die wirwar van gezinsfactoren helderheid te scheppen zijn deze factoren hierna samengebracht in vijf probleemclusters. Deze zijn niet exclusief voor eenzame jeugdigen – andere problemen kunnen van hieruit eveneens worden verklaard – maar ze dragen ook bij aan het ontstaan van eenzaamheid.

5.2 Vijf clusters gezinsproblemen

Om de relatie tussen gezin en eenzaamheid beter te begrijpen refereer ik aan de vijf clusters gezinsvariabelen die ik samen met collega Scholte in een landelijk onderzoek heb vastgesteld (Ploeg en Scholte 2008). Het gaat hier om de volgende meest invloedrijke kenmerken van het gezin:
- responsiviteit (de opvoedingsrelatie van de ouders met het kind);
- communicatie (de communicatie tussen ouders en kind);
- organisatie (de wijze waarop het gezin is georganiseerd);
- sociaal netwerk (de relaties van het gezin met de omgeving);
- partnerrelatie (de onderlinge relatie tussen de ouders).

De eerste twee kenmerken zijn te beschouwen als opvoedkenmerken. Hoe gaan de ouders met hun kind om? De twee daarop volgende kenmerken hebben betrekking op het functioneren van het gezin. Hoe verlopen de contacten binnen en buiten het gezin? Het laatste kenmerk slaat op de relatie tussen beide ouders. Hoe gaan zij met elkaar om?

Wanneer een of meer gezinskenmerken problemen te zien geven, neemt de kans op stoornissen bij jeugdigen toe. Die kans is het grootst wanneer alle vijf kenmerken in ernstige mate te wensen overlaten.

Het aantal problematische gezinnen in Nederland bedraagt 11 % (Scholte en Ploeg 2017). Dat betekent dat een op de tien gezinnen in Nederland problemen te zien geeft. Deze problemen kunnen uiteenlopende negatieve gevolgen hebben, waaronder ook eenzaamheid.

5.3 Opvoedkenmerken

5.3.1 Responsiviteit

In essentie gaat het bij dit kenmerk om de gevoeligheid van ouders voor de behoeften van het kind. Deze behoeften liggen op emotioneel, cognitief en sociaal niveau. Zo is er de behoefte aan warmte (geknuffeld worden), de behoefte aan waardering (complimentjes ontvangen) en de behoefte aan wijze raad (adviezen krijgen).

Responsieve ouders zullen hun kinderen bemoedigen, een steuntje in de rug geven, belangstelling voor hen tonen en hen geruststellen als dat nodig is. Deze ouders zullen ook tijdig en adequaat reageren op de signalen van het kind. Verder zullen responsieve ouders een klimaat scheppen waarin het kind de ruimte heeft om zijn emoties en gevoelens (blijdschap, maar ook verdriet) te uiten. Samenvattend bevordert een responsieve opvoeding dat kinderen zich positief en evenwichtig zullen ontwikkelen.

Als de responsiviteit ontbreekt, komt de ontwikkeling van het kind in gevaar en neemt ook de kans op eenzaamheid toe. Dat blijkt onder meer uit onderzoeken waarin eenzame jeugdigen wordt gevraagd het gezin te beschrijven waarin zij opgroeiden. Het merendeel van de eenzame jeugdigen geeft aan dat hun ouders koud en afstandelijk waren. Zij voelden zich niet gewaardeerd, niet gesteund en afgewezen (Rokach et al. 2003).

Voorbeelden van een gebrek aan responsiviteit zijn:
- niet knuffelen;
- geen raad geven als het kind ergens mee zit;
- niet weten wat er in het kind omgaat;
- geen rekening houden met de gevoelens van het kind.

5.3.2 Communicatie

Dit gezinskenmerk verwijst naar de manier waarop ouders met hun kind praten en contact maken. Communicatieve ouders zullen op een duidelijke en open manier met hun kind omgaan. Zij geven op een beheerste, empathische en geduldige manier leiding en sturing aan de ontwikkeling van hun kind. Communicatie is een van de belangrijkste kenmerken van het gezinsfunctioneren.

Als een positieve communicatie ontbreekt, ontstaan er problemen. Zo blijkt dat de gezinssituatie steeds verder verslechtert als ouders zich agressief en onbeheerst gedragen jegens hun kind. Waar niet of slecht wordt gecommuniceerd, gaat het mis.

Niet-communicatieve ouders leren hun kinderen niet hoe op een normale manier met elkaar om te gaan. Daardoor zijn deze kinderen buiten het gezin vaak niet in staat om op een sociaal aanvaardbare manier met leeftijdgenoten om te gaan. Zij botsen vaker, hebben eerder conflicten en missen vaker de aansluiting bij andere jongens en meisjes. Het vergroot hun onzekerheid. Sommigen trekken zich verder terug, terwijl anderen zich agressief (blijven) gedragen. In beide gevallen is de kans groot dat zij zich eenzaam zullen voelen (Segrin et al. 2012).

Voorbeelden van een gebrekkige communicatie zijn:
- tegen het kind schreeuwen en snel boos worden;
- geen greep hebben op het kind;
- snel het geduld verliezen.

5.4 Het functioneren van het gezin

5.4.1 Organisatie

Het dagelijkse reilen en zeilen binnen het gezin kan heel gestructureerd zijn, maar het gezinsleven kan ook heel chaotisch verlopen. In goed georganiseerde gezinnen bestaan duidelijke regels en afspraken waaraan iedereen zich houdt. Het gezinsleven verloopt via vaste routines. Daarnaast bestaan er ook ongeschreven regels waaraan de gezinsleden zich houden. Iedereen in het gezin weet waar hij/zij aan toe is en wat ze van elkaar mogen verwachten. Binnen een dergelijk gezinsklimaat ontwikkelen kinderen op een vanzelfsprekende manier hun sociale vaardigheden (Taylor en Lopez 2005).

In ongeorganiseerde gezinnen ontbreekt orde en regelmaat en gaat iedereen zijn eigen gang zonder veel rekening te houden met de andere gezinsleden. Dat heeft negatieve gevolgen voor de ontwikkeling van de kinderen. Zij krijgen geen steun, weten vaak niet waar ze aan toe zijn en leren niet zich te houden aan regels. Kortom zij weten niet hoe zij hun leven op orde moeten brengen. In het gezin heerst chaos in plaats van structuur. In plaats van zich sterk onderling verbonden te voelen, hangt het gezin als los zand aan elkaar. Dat kan leiden tot uiteenlopende gedragsproblemen, variërend van agressie tot depressie en eenzaamheid.

Voorbeelden van een slechte gezinsorganisatie zijn:
- geen duidelijke taakverdeling;
- elkaar niets (durven) vertellen;
- geen vaste regels (op tijd naar bed).

5.4.2 Sociaal netwerk

Dit aspect van het gezinsfunctioneren verwijst naar de sociale relaties die het gezin met de buitenwereld heeft. Leeft het gezin geïsoleerd, of is het opgenomen in een sociaal netwerk met buren, vrienden en familie? Leeft het in afzondering of onderhoudt het contacten met mensen buiten het gezin? Het gaat hier om de vraag in hoeverre het gezin is ingebed in een sociaal netwerk.

Voor een positieve ontwikkeling van kinderen is het van groot belang dat zij opgroeien in een gezin dat de blik ook naar buiten richt. Ouders met een goed sociaal netwerk staan open voor invloeden van buiten. Kinderen ervaren dan hoe ouders omgaan met buren, vrienden en bekenden. Zij maken ook kennis met de opvattingen en gedragingen van anderen. Die openheid zorgt ervoor dat kinderen zich gemakkelijker leren bewegen buiten het gezin.

Ouders die zich afsluiten voor anderen, geen vrienden hebben en bij wie nooit of zelden familie over de vloer komt, zijn een slecht voorbeeld voor hun kinderen. Er kunnen verschillende redenen zijn waarom ouders zich afsluiten. Vaak gaat het om ouders die zich binnen het eigen gezin misdragen (mishandeling, drankverslaving, huiselijk geweld) en om die reden geen contact met andere personen willen. Ze zijn bang dat anderen hun problemen ontdekken. Zij houden hun problemen geheim en mijden zoveel mogelijk contacten met anderen. Het komt ook voor dat een van de ouders (of beiden) vroeger eenzaam was en dat nog steeds is. Het afwerende en vermijdende gedrag dat bij eenzaamheid past, dragen de ouders vaak over op hun kinderen.

Voorbeelden van gezinnen zonder sociaal netwerk:
- geen vrienden, buren, familie die langs komen;
- bij niemand terecht kunnen voor een advies;
- niemand met wie de ouders hun zorgen kunnen delen.

5.5 Partnerrelatie

De relatie tussen partners is van grote invloed op de ontwikkeling van het kind. De onderzoeksliteratuur laat er geen twijfel over bestaan dat voortdurend ruziënde ouders een negatieve invloed hebben (Spruijt en Kormos 2014). Aanhoudende ruzies tussen ouders die elkaar voortdurend verwijten maken, brengen kinderen gemakkelijk uit hun evenwicht. Zij vormen een bedreiging voor de ontwikkeling van het kind. Kinderen voelen zich niet thuis bij voortdurend ruziënde ouders en krijgen een slecht voorbeeld voorgeschoteld van hoe je met elkaar behoort om te gaan en hoe je conflicten oplost. Deze kinderen ervaren dikwijls geen enkele steun van hun ouders en voelen zich in de steek gelaten. Dat maakt kinderen gevoelig voor problemen als angst, depressie, piekeren, zich terugtrekken en eenzaamheid.

Een slechte partnerrelatie eindigt vaak in een scheiding. Dat is een klap die veel kinderen moeilijk kunnen verwerken. Dat wordt nog moeilijker als de ouders na de scheiding ruzie blijven maken. Deze vechtscheidingen vormen een aanhoudende bedreiging voor de ontwikkeling van het kind. Het kind heeft angst om zich te binden en relaties aan te gaan met leeftijdgenoten en voelt zich vaak erg eenzaam.

Voorbeelden van een verstoorde partnerrelatie:
- ontevreden met de partnerrelatie;
- vaak om niets een conflict hebben;
- zich niet gesteund voelen door de partner.

5.6 Het gezin als geheel

Het lijkt er misschien op dat we hier van doen hebben met vijf afzonderlijke gezinskenmerken. Dat is echter niet het geval. Er is tussen de genoemde kenmerken een duidelijke

◘ Tabel 5.1 Percentages gezinsproblemen per gezinskenmerk. Bron: Scholte en Van der Ploeg (2009)

gezinskenmerk	problematisch
responsivteit	6 %
communicatie	18 %
organisatie	7 %
sociaal netwerk	15 %
partnerrelatie	9 %

samenhang. Gezinnen zonder sociaal netwerk zijn vaak ook gezinnen met weinig responsieve ouders, en de kans is groot dat gezinnen met partners die aanhoudend ruzie maken ook gezinnen zijn waar de communicatie ernstig te wensen overlaat. De vijf kenmerken kunnen in wisselende combinaties voorkomen. Het meest problematisch is de situatie waarin alle vijf kenmerken waarneembaar zijn. De kans is groot dat kinderen uit dergelijke gezinnen vroeg of laat in de problemen komen. Ook de kans op eenzaamheid neemt daarmee toe, meer nog voor meisjes dan voor jongens. Jongens reageren eerder op negatieve gezinskenmerken met agressie.

In 11 % van de Nederlandse gezinnen is de situatie problematisch, maar zoals ◘tab. 5.1 laat zien komen niet alle gezinsproblemen overal evenveel voor.

Literatuur

Bueler, C. (2001). Adjustment. In: Touliatos, J., & Straus, M.A. (Red.). *Handbook of family measurements techniques.* Thousand Oaks: Sage.
Fisher, L. (1976). Dimensions of family assessment. *Journal of Marriage and Family Counseling, 12,* 367–382.
Ploeg, J. D. van der., & Scholte, E. M. (2008). *Handleiding Gezinsvragenlijst.* Houten: Bohn Stafleu van Loghum.
Rokach, A., Basuer, N., & Orzeck, T. (2003). The experiende of loneliness of Canadian and Czech youth. *Journal of Adolescence, 26,* 267–282.
Scholte, E. M., & Ploeg, J. D. van der (2009). Prevalentie van gezinsproblemen in Nederland. *Tijdschift voor Orthopedagogiek, 48,* 151–160.
Scholte, E. M., & Ploeg, J. D. van der (2017). *Handboek sociaal-emotionele vaardigheden.* Houten: Bohn Stafleu van Loghum.
Segrin, C., Nevarez, N., Arroyo, A., & Harwood, J. (2012). Family of Origin Environment and Adolescent Bullying Predict Young Adult Loneliness. *The Journal of Psychology, 146,* 119–134.
Spruijt, E., & Kormos, H. (2014). *Handboek scheiden en de kinderen.* Houten: Bohn Stafleu van Loghum.
Taylor, R. D., & Lopez, E. I. (2005). Family management practice, school achievement and problem behavior. *Applied Developmental Psychology, 26,* 39–49.

Eenzaamheid en aanleg

6.1 Inleiding – 44

6.2 Tweelingenonderzoek – 44

6.3 Het brein – 45
6.3.1 Hersengebieden – 45
6.3.2 Neurotransmitters en hormonen – 46
6.3.3 Commentaar – 47

6.4 Invloeden op de ontwikkeling van het brein – 47
6.4.1 Omgevingsinvloeden – 47
6.4.2 Beschadigingen – 48

6.5 De aanleg bezien vanuit andere invalshoeken – 48
6.5.1 Te veel en te weinig temperament – 48
6.5.2 Geremd en ongeremd – 49
6.5.3 Gedragsinhibitie en gedragsactivering – 49
6.5.4 Veerkracht en gebrek aan veerkracht – 50

6.6 Een biosociale benadering – 50

Literatuur – 51

6.1 Inleiding

Niet iedere jeugdige heeft evenveel kans eenzaam te worden. De gezinsomstandigheden waaronder jeugdigen opgroeien, hebben daarop een grote invloed, maar we weten inmiddels dat ook de aanleg een belangrijke rol speelt. Dankzij het onderzoek onder tweelingen zijn we op dat punt veel wijzer geworden. In dit hoofdstuk sta ik dan ook eerst stil bij de vraag wat het tweelingenonderzoek met betrekking tot eenzaamheid heeft opgeleverd. Daarna ga ik in op de invloed van het brein op gedrag en eenzaamheid, en vervolgens richt ik mij op bepaalde persoonlijkheidseigenschappen die zeer waarschijnlijk in aanleg zijn gegeven en het ontstaan van eenzaamheid kunnen bevorderen.

6.2 Tweelingenonderzoek

Een bekende onderzoeksmethode om na te gaan of bepaalde persoonskenmerken in aanleg aanwezig zijn, is het volgen van de ontwikkeling van tweelingen. Identieke (eeneiige) tweelingen zijn genetisch gezien hetzelfde en hebben zowel uiterlijk als innerlijk veel met elkaar gemeen. Wanneer identieke tweelingen om uiteenlopende redenen niet bij elkaar kunnen blijven en derhalve onder verschillende omstandigheden opgroeien, blijken zij nog steeds bepaalde eigenschappen gemeen hebben. Dat wijst erop dat het hier mogelijk gaat om in aanleg gegeven kenmerken met eenzelfde genetische basis.

Baanbrekend zijn de tweelingstudies van de universiteit van Minnesota (Bouchard et al. 1990). Deze universiteit volgt al jarenlang een groot aantal tweelingen, verspreid over meerdere landen, in hun ontwikkeling. Uit de onderzoeken blijkt dat identieke tweelingen die opgroeien onder verschillende omstandigheden grote overeenkomsten vertonen op meerdere persoonlijkheidsaspecten. Veel meer dan het geval is bij niet-identieke tweelingen.

Ook in andere landen vinden tweelingenonderzoeken plaats, zo ook in Nederland. Hier mag niet onvermeld blijven het tweelingenonderzoek van de Vrije Universiteit Amsterdam (Boomsma et al. 2005). Meerdere follow-upstudies geven aan dat persoonlijkheidskenmerken als angst, depressie, intelligentie en agressie tot op zekere hoogte in aanleg zijn gegeven. Dat geldt ook voor eenzaamheid.

Het voorgaande betekent niet dat de aanleg tot eenzaamheid ook per se tot eenzaamheid zal leiden. De omgeving is en blijft van belang. Hoe sterk de invloed is van de aanleg (*nature*) in vergelijking met de invloed van de omgeving (*nurture*), is een vraag die nog steeds volop in discussie is. Wel wordt algemeen erkend dat de aanleg aanvankelijk de grootste invloed heeft op het gedrag, maar dat die invloed daarna langzaam afneemt omdat jeugdigen naarmate ze ouder worden aan meer verschillende invloeden onderhevig zijn. Eerst is er vooral en hoofdzakelijk de invloed van de ouders, later worden ook school, vrienden en andere personen belangrijke beïnvloeders. ◘Tabel 6.1 geeft een indicatie van de invloed van genetische aanleg op de ontwikkeling voor verschillende leeftijden.

☐ Tabel 6.1	Invloed van de aanleg op de ontwikkeling. Bron: Cacioppo et al. (2014)
7 jaar	60 %
10 jaar	54 %
12 jaar	41 %

6.3 Het brein

De aanleg moeten we zoeken in de genen, maar wat zich daarin precies bevindt, is nog volop in onderzoek. Welke genen aan welke menselijke eigenschappen zijn gerelateerd, is grotendeels onbekend. Wel staat vast dat er niet zoiets bestaat als een eenzaamheidsgen. Eenzaamheid is gelinkt aan meerdere genen. Hoeveel en welke genen is (nog) niet bekend. Er zijn wel genen die kenmerkend zijn voor een bepaalde ziekte, maar het menselijk gedrag is zo gecompliceerd, dat daar veel meer genen voor verantwoordelijk zijn.

Overigens veroorzaken de genen niet direct ons gedrag. Daartussen zit het brein. Dat bestaat uit verschillende hersengebieden die onderling met elkaar communiceren via neurotransmitters.

6.3.1 Hersengebieden

Ik geef hier een kort overzicht van de hersengebieden die belangrijk zijn bij het tot stand komen van gedrag en die ook met eenzaamheid in verband zijn gebracht.

Prefrontale cortex
Dit hersengebied is betrokken bij een groot aantal functies, zoals: aandacht controleren, doelen plannen, abstract redeneren, analyseren, interpreteren, organiseren en aanpassen van gedrag, zelfregulering.

Amygdala
Dit hersengebied vervult een rol in het herkennen en verwerken van emoties. De amygdala helpt situaties te onderkennen en daar adequaat op te reageren.

Hippocampus
Dit gebied is betrokken bij het opslaan van gebeurtenissen en feiten. Deze worden als herinneringen in het geheugen bewaard en waar nodig opgehaald.

Hypothalamus
Dit deel van het brein is te beschouwen als de controlekamer van het centrale zenuwstelsel. Het reguleert onder meer de bloeddruk, hartslag, lichaamstemperatuur en het slaap-waakritme.

Limbische systeem
De amygdala vormt samen met de hypothalamus en de hippocampus het limbische systeem. Waar het limbische systeem vooral de emoties reguleert, bepaalt de prefrontale cortex meer de cognitieve processen..

De genoemde hersengebieden functioneren dankzij neurotransmitters en hormonen. Dit zijn stofjes die door het lichaam worden aangemaakt en ervoor zorgen dat de verschillende hersengebieden onderling informatie kunnen uitwisselen en naar behoren kunnen functioneren. Daardoor is de mens in staat op (aan)gepaste wijze te reageren op situaties waarmee hij/zij wordt geconfronteerd.

Uit onderzoek is gebleken dat deze hersengebieden bij jeugdigen met gedragsproblemen niet optimaal functioneren. Dat geldt ook voor eenzame jeugdigen. Genoemde hersengebieden gaan disfunctioneren als bepaalde neurotransmitters te weinig of te veel worden aangemaakt.

6.3.2 Neurotransmitters en hormonen

Hierna volgt een korte beschrijving van de neurotransmitters en hormonen die in verband worden gebracht met het optreden van gedragsproblemen en eenzaamheid.

Serotonine

Serotonine is een neurotransmitter die ervoor zorgt dat het brein zo werkt, dat de jeugdige evenwichtig functioneert. Als er te weinig serotonine aanwezig is, valt de rem weg op allerlei functies zoals stemming, cognitie en motorisch gedrag. De regulatie schiet dan tekort, evenals het vermogen om te analyseren en te synthetiseren. Vooral de prefrontale cortex functioneert onvoldoende. Te weinig serotonine bevordert vooral depressief, angstig, vermijdend gedrag en eenzaamheid.

Cortisol

Cortisol heet ook wel stresshormoon omdat de productie ervan toeneemt bij stress ten gevolge van bedreiging of gevaar. Het zorgt ervoor dat er energie beschikbaar komt om het gevaar in te dammen en het lichaam weer in evenwicht te brengen.

Die cortisolspiegel is overigens niet de gehele dag van een gelijk niveau. Bij het ontwaken stijgt het niveau om gedurende de dag langzaam af te nemen. Er is dus verschil tussen de morgen (meer cortisol) en de middag/avond (minder cortisol). Bij aanhoudende stress stijgt het cortisolniveau steeds verder. Wanneer de stress echter blijft voortbestaan (omdat de stressgevende situatie niet verandert), daalt het cortisolniveau op den duur naar een te laag niveau en dat beïnvloedt het functioneren van het brein in ongunstige zin. Onderzoeken onder jeugdigen met gedragsproblemen hebben uitgewezen dat bij hen het cortisolniveau erg laag is. Ook bij eenzame jeugdigen is meermalen bevestigd dat zij een tekort aan cortisol hebben.

Testosteron

Het gaat hier om een mannelijk geslachtshormoon dat tijdens de puberteit stijgt naar volwassen waarden. Dit hormoon is vaak in verband gebracht met probleemgedrag van jeugdigen en vooral met agressie. Een te hoog testosteronniveau vergroot de kans op agressie. Ook is vastgesteld dat een te hoge testosteronspiegel eenzaamheid kan bevorderen.

Dopamine

Deze neurotransmitter speelt onder meer een rol bij het ervaren van blijdschap en welzijn. Te weinig dopamine gaat vaak samen met somberheid en depressieve gevoelens. Ook eenzame jeugdigen ontbreekt het vaak aan voldoende dopamine.

Oxytocine

Het gaat hier om een stofje dat tijdens intensieve, positieve contacten met ouders en vrienden wordt aangemaakt. Er wordt om die reden ook wel gesproken van het knuffelhormoon. Bij het aangaan van relaties speel dit hormoon een belangrijke rol. Eenzame jeugdigen maken weinig oxytocine aan.

6.3.3 Commentaar

Het voorgaande overzicht kan de indruk wekken dat eenzaamheid een kwestie is van te veel of te weinig neurotransmitters. Maar zo simpel is het niet. Om te beginnen zijn de afwijkingen in de niveaus van de verschillende neurotransmitters niet alleen in verband te brengen met eenzaamheid, maar met veel meer probleemgedragingen. Verder is het niet aannemelijk dat er een rechtstreeks verband bestaat tussen een enkele neurotransmitter en eenzaamheid. Het gaat om combinaties van neurotransmitters en hormonen. Als we bedenken dat er meer dan zestig neurotransmitters in kaart zijn gebracht, is het begrijpelijk dat er op dit terrein nog veel onderzoek valt te verrichten. Voorlopig is nog onvoldoende bekend welke combinaties van neurotransmitters eenzaamheid bevorderen. Wel zijn er aanwijzingen dat het disfunctioneren van het brein bij eenzame jeugdigen tot gevolg heeft dat zij:

- sociale situaties niet (voldoende) herkennen en doorzien;
- ongevoelig zijn voor non-verbale communicatie;
- overgevoelig zijn voor stress en negatieve ervaringen;
- een inefficiënte emotieregulatie hebben.

Tot slot merk ik nog op dat het ook te simpel is om te veronderstellen dat de oorzaak van de eenzaamheid is te vinden in afwijkingen in bepaalde neurotransmitters. De gevonden relatie tussen eenzaamheid en neurotransmitters is geen causale relatie. Het is niet zo, dat de eenzaamheid als sneeuw voor de zon verdwijnt, als we neurotransmitters voorschrijven. De ongunstige omgevingsinvloeden (problematische gezinssituatie) zijn van invloed op het tot stand komen van een relatie tussen neurotransmitters en eenzaamheid. Ik werk dat uit in de volgende paragraaf.

6.4 Invloeden op de ontwikkeling van het brein

6.4.1 Omgevingsinvloeden

Eén van de grote misverstanden is te denken dat het brein zich na de geboorte autonoom ontwikkelt. De ontwikkeling van het brein zou niet vatbaar zijn voor invloeden van buitenaf, maar een bij de geboorte vastgesteld verloop hebben. Dat is echter allerminst het geval! De groei en ontwikkeling van het brein gaan door tot aan het einde van de adolescentie en het begin van de volwassenheid. De eerste jaren zijn weliswaar belangrijker dan de latere jaren, maar de ontwikkeling van het brein blijft gevoelig voor ervaringen en gebeurtenissen.

Het brein ontwikkelt zich stapsgewijs. Het fundament (de architectuur) wordt gelegd in de eerste 24 weken na de geboorte. De eerste vijf levensjaren staat de ontwikkeling van het brein sterk onder invloed van de omgeving. Hoewel het brein qua omvang na het vijfde jaar niet meer groeit, zijn de hersengebieden nog steeds in ontwikkeling tot het kind 12/13 jaar is. De hersenen zijn volgroeid om en nabij 20 jaar.

Kinderen die opgroeien in een ongunstige omgeving waarin zij worden verwaarloosd en/of mishandeld, staan langdurig onder grote stress. Dat heeft een negatieve uitwerking op de ontwikkeling van de hersenen en op de aanmaak van neurotransmitters. En dat kan weer problemen zoals eenzaamheid in de hand werken. Een volledig inzicht in deze processen is er echter nog niet.

6.4.2 Beschadigingen

Dat het brein gaat disfunctioneren kan ook het gevolg zijn van beschadigingen, die zowel voor, tijdens als na de geboorte kunnen ontstaan.

Tijdens de zwangerschap (prenatale periode) kan de ontwikkeling van de foetus in gevaar komen door infectieziektes van de moeder, zoals rode hond en toxoplasmose. Maar ook als de moeder besmet is met hiv, aids of syfilis kan dat hersenbeschadigingen bij het kind veroorzaken. Dat geldt eveneens voor intensief alcohol- of drugsgebruik van de moeder. Overmatig roken wordt ook als een risicofactor beschouwd. Bepaalde medicijnen kunnen eveneens een negatief effect hebben op het embryo.

Tijdens de geboorte (perinatale periode) kunnen eveneens complicaties optreden. Vaak wordt gewezen op problemen waarbij de boreling korte tijd te weinig zuurstof krijgt. Een van de meest genoemde en onderzochte problemen is het te lage gewicht van te vroeg geboren (premature) kinderen. Uit onderzoek blijkt dat een zeer laag geboortegewicht neurologische beschadigingen kan veroorzaken en daarmee de kans vergroot op problematisch gedrag.

De eerste jaren na de geboorte (postnatale periode) zijn kinderen kwetsbaar voor infectieziektes als meningitis en encefalitis die voor verstoringen van het brein kunnen zorgen.

Het ontstaan van eenzaamheid is niet direct te linken aan beschadigingen van het brein. Wel kunnen hersenbeschadigingen leiden tot kinderen met een beperking. Veel van deze kinderen zijn kwetsbaar en daarmee ook vatbaar voor eenzaamheid.

6.5 De aanleg bezien vanuit andere invalshoeken

Tot dusver ging het vooral over de genen en het brein in relatie tot eenzaamheid. Maar er zijn ook verklaringen die gebaseerd zijn op systematisch onderzoek naar het gedrag van kinderen. Dat onderzoek wijst op enkele persoonskenmerken waarvan wordt verondersteld dat ze in sterke mate in aanleg zijn gegeven. Er wordt hier ook wel gesproken van een dispositie, een neiging tot bepaald gedrag.

De volgende vier persoonskenmerken worden gezien als in aanleg gegeven disposities. Er bestaat veel overlap, maar er zijn ook duidelijke verschillen.

6.5.1 Te veel en te weinig temperament

Kinderen blijken al op heel jonge leeftijd verschillend te reageren op bepaalde prikkels en geven ook al vroeg verschillen te zien in activiteitsniveau. Dit als temperament omschreven begrip is uitvoerig onderzocht door Thomas en Chess (1977). Zij kwamen tot de conclusie dat er bij kinderen drie verschillende temperamenttypen zijn te onderscheiden:
- Kinderen met een *gemakkelijk temperament*. Dat zijn kinderen die gepast reageren op prikkels, niet gauw gefrustreerd raken en zich goed aanpassen aan hun omgeving.

- Kinderen met *te weinig temperament*. Dit type kind reageert traag op prikkels van buitenaf, uit zich weinig en is minder alert op wat er in zijn omgeving plaatsvindt.
- Kinderen met een *moeilijk temperament*. Waar het vorige type te weinig reageert op prikkels, reageert dit type te veel en te snel op prikkels. Deze kinderen gaan te sterk en te intens in op wat er in hun omgeving gebeurt. Zij zijn dikwijls druk, snel afgeleid en hebben grote moeite om hun emoties en gedrag te beheersen. Hierdoor komen zij gemakkelijk in conflict met hun omgeving.

Hoewel de meeste kinderen een temperament bezitten dat niet tot problemen leidt, zijn er ook kinderen die op grond van hun te geringe of te sterke temperament duidelijk moeite hebben om hun gedrag en emoties in goede banen te leiden. Beide typen lopen het risico vast te lopen in hun relaties met anderen en lopen daarmee ook meer kans op afwijzing, isolement en eenzaamheid.

6.5.2 Geremd en ongeremd

Het gaat hier om het verschil in het vermogen om gecontroleerd met eigen emoties en gedragingen om te gaan. Dit vermogen is voor een belangrijk deel een kwestie van aanleg. Voor de sociale ontwikkeling is het van belang dat kinderen aan de ene kant hun emoties, impulsen en wensen niet te sterk onderdrukken, maar aan de andere kant hun emoties en verlangens ook niet ongebreideld uiten. De meeste kinderen bevinden zich tussen beide uitersten in. Zij zorgen niet voor problemen. Dat is wel het geval met kinderen die aan een van de uiterste polen staan.
- *Ongeremde* kinderen hebben weinig zelfcontrole en zijn geneigd uitsluitend te reageren vanuit hun eigen beleving, zonder rekening te houden met anderen. Verder zijn ze ongevoelig voor signalen uit de omgeving. Signalen die aangeven dat het beter is om het gedrag bij te sturen of ermee te stoppen, merken zij niet op. Zij reageren vaak agressief en onbeheerst.
- *Geremde* kinderen vertonen een tegenovergesteld beeld. Zij onderdrukken hun emoties en impulsen te sterk, ook in situaties waarin dat niet nodig is. Zij reageren vaak angstig en verward. Vooral als zij oog in oog komen te staan met vreemde, nieuwe of onverwachte situaties. Dan trekken zij zich het liefst terug.

Beide groepen kinderen hebben een grote kans om zich later te ontwikkelen tot minder sociale personen. Geremde kinderen lopen het risico eenzaam te worden doordat ze allerlei situaties ontlopen. Zij komen daardoor buitenspel te staan, raken ontmoedigd, gaan somberen en piekeren.

6.5.3 Gedragsinhibitie en gedragsactivering

Internationaal staan deze begrippen bekend als het *behavioral inhibition system* (BIS) en het *behavioral approach system* (BAS). Het gaat hier om twee systemen die in ieder mens aanwezig zijn en die verwijzen naar de manier waarop 'de wereld' tegemoet wordt getreden: niet te geremd en passief (*inhibition*), maar ook niet overdreven actief en toenadering zoekend (*approach*). Deze beide mogelijkheden (predisposities) behoren tot de toerusting van ieder kind en zorgen ervoor dat kinderen zich op een evenwichtige en sociale wijze ontwikkelen Dat wil zeggen: niet te verlegen/passief, maar ook niet te overrompelend/opdringerig.

- Het *BIS-systeem* kent twee ongunstige uitersten. Enerzijds kan er sprake zijn van te veel vermijding ofwel een te sterke gedragsinhibitie en anderzijds van te weinig vermijding ofwel een te zwakke gedragsinhibitie. In het eerste geval zal het kind overal gevaar zien en bijvoorbeeld erg bang zijn fouten te maken en iets te ondernemen, terwijl in het tweede geval het kind helemaal geen enkel gevaar ziet en te veel overal op afgaat.
- Voor *BAS-kinderen* bestaan eveneens twee ongunstige polen. Aan de ene kant staat het kind dat te weinig toenadering zoekt ofwel een te geringe gedragsactivering heeft (het kind trekt zich terug, gaat niet achter dingen heen) en aan de andere kant bevindt zich het kind dat te veel toenadering zoekt ofwel een te sterke gedragsactivering kent (het kind gaat te veel overal op af en gaat achter alles en iedereen aan).

Te veel gedragsinhibitie en te weinig gedragsactivering vergroten de kans op relationele problemen en daarmee ook op eenzaamheid.

6.5.4 Veerkracht en gebrek aan veerkracht

Het is gebleken dat kinderen heel verschillend kunnen omgaan met moeilijke situatie. Ook kinderen uit hetzelfde gezin. Zo zijn er kinderen die ten onder gaan aan de ruzies thuis, terwijl andere kinderen uit hetzelfde gezin er niet door van slag raken. Dit is ook wel omschreven als het vermogen om gezond te reageren in een ongezonde situatie. Het gaat hier om een belangrijke aanstuurder en bestuurder van het gedrag.

- *Veerkrachtige* kinderen zijn goed in staat om met moeilijke situaties om te gaan, passend te reageren op de omgeving en hun gedrag zo nodig te wijzigen en bij te sturen. Vooral bij tegenslagen speelt de veerkracht een grote rol.
- *Niet-veerkrachtige* kinderen zijn kwetsbaar hebben weinig zelfvertrouwen, zijn angstig en voelen zich niet in staat om zich in problematische situaties te handhaven. Het ontbreekt hen vaak aan flexibiliteit. Ze missen ook het overzicht van en inzicht in situaties waarmee ze worden geconfronteerd.

Kinderen met te weinig veerkracht hebben geen greep meer op de situaties waarin ze zich bevinden en kunnen daar verschillend op reageren. Soms gebeurt dat met onbeheerst en agressief gedrag en soms kunnen zij angstig, somber en erg afhankelijk reageren. Beide reacties kunnen zorgen voor problematische relaties met ouders en leeftijdgenoten. En daarmee kan het ook eenzaamheid bevorderen.

6.6 Een biosociale benadering

Hoe groot de betekenis van aanleg is voor het ontstaan van eenzaamheid is moeilijk te zeggen. Eveneens is het moeilijk aan te geven in welke mate omgeving en opvoeding daaraan bijdragen. Wel is duidelijk dat het ontstaan van gedrag (eenzaamheid) niet een kwestie is van *nature óf nurture*, maar van *nature én nurture*. Daarover zijn de wetenschappers het onderling wel met elkaar eens. Maar als het gaat om de mate waarin aanleg en omgeving een rol spelen, dan lopen de meningen uiteen.

Enerzijds benadrukken wetenschappers dat de mens na zijn geboorte zo langdurig en intensief bloot staat aan een opvoedende en socialiserende omgeving, dat die van meer invloed is dan de in aanleg gegeven bagage. Anderzijds stellen wetenschappers dat de in aanleg aanwezige vermogens zo dominant zijn, dat de opvoeding slechts een beperkte invloed heeft.

Er is meer onderzoek nodig om tot duidelijker uitspraken te komen.

Ik pleit voor meer biosociaal onderzoek. Daar zie ik meer heil in dan in het toenemende aantal onderzoeken (ook door pedagogen) naar de samenhang tussen bepaalde neurotransmitters en specifieke gedragsproblemen zoals eenzaamheid. Wat doen we met de wetenschap dat eenzame jeugdigen een tekort aan cortisol hebben?

Biosociaal onderzoek draagt meer bij aan een dieper inzicht in de rol van aanleg en omgeving in het ontstaan van eenzaamheid. Dergelijk onderzoek zou een groot aantal kinderen (enkele honderden) vanaf hun geboorte zo lang mogelijk moeten volgen. Gedurende die onderzoeksperiode dienen meerdere biologische en sociale variabelen te worden onderzocht die in eerder onderzoek in verband zijn gebracht met eenzaamheid bij jeugdigen. Overigens zal uit die variabelen een keuze moeten worden gemaakt om tot een uitvoerbaar onderzoek te komen. De behoefte aan een dergelijk onderzoek is groot. Nu zijn te veel onderzoekers naar eenzaamheid nog te eenzijdig gericht op deelgebieden (angst en depressie) en splintergebieden (de rol van serotonine of het zelfbeeld) zonder al te veel onderling overleg.

Literatuur

Boomsma, D. I., Willemsen, G., Dolan, C. V., Hawkley, L. C., & Cacioppo, J. T. (2005). Genetic and Environmental Contributions to Loneliness in Adults. *Behavior Genetics, 35*, 745–752.

Bouchard, T. J., Lykken, D. T., McGue, M., Segal, N. J., & Tellegen, A. (1990). Sources of human psychological differences. *Science, 250*, 223–228.

Cacioppo, J. T., Cacioppo, S., & Boomsma, D. I. (2014). Evolutionary mechanisms for loneliness. *Cognition and Emotion, 28*, 3–21.

McGuire, S., & Clifford, J. (2000). Genetic and environmental contributions to loneliness in children. *Psychological Science, 11*, 487–491.

Thomas, A., & Chess, S. (1977). *Temperament and development*. New-York: Brunner/Mazel.

Eenzaamheid vaststellen

7.1 Inleiding – 54

7.2 Vragen moeten meer inzicht geven – 54

7.3 Veel gebruikte eenzaamheidsvragenlijsten – 55
7.3.1 Unidimensionele eenzaamheidsvragenlijsten – 55
7.3.2 Multidimensionele eenzaamheidsvragenlijsten – 56

7.4 Veel overlap – 57

Literatuur – 58

© Bohn Stafleu van Loghum, onderdeel van Springer Media B.V. 2018
J. van der Ploeg, *Eenzaamheid bij jeugdigen*, DOI 10.1007/978-90-368-1953-4_7

> **Intro**
> Het is veelzeggend dat in het diagnostische onderzoek bij problematische jeugdigen zelden aandacht bestaat voor het bepalen van de mate van eenzaamheid. Eenzaamheidsschalen maken vrijwel nooit deel uit van het diagnostische instrumentarium dat wordt gebruikt om te achterhalen waar de problemen schuilen. Voor jeugdigen met problemen beperkt de aandacht van de diagnosticus in de jeugdzorg zich meestal uitsluitend tot de psychische stoornissen die in de DSM-5 voorkomen.

7.1 Inleiding

Hoe kom je erachter of iemand eenzaam is? Die vraag lijkt op het eerste gezicht niet moeilijk te beantwoorden. Vraag gewoon of hij/zij zich eenzaam voelt. Het gaat immers om wat de jeugdige zelf voelt. Zo zijn er inderdaad een of meer vragen te stellen waarmee nagegaan kan worden of iemand eenzaam is.

Toch ligt het om meerdere redenen niet zo eenvoudig.

- Ten eerste zijn er verschillende opvattingen over wat eenzaamheid precies inhoudt. Daar moeten de vragen bij aansluiten.
- Ten tweede kan het gevoel van eenzaam zich beperken tot bepaalde situaties. Wie zich op school eenzaam voelt, hoeft in het gezin geen last van eenzaamheid te hebben.
- Ten derde kan de intensiteit van de eenzaamheid verschillen. Iemand kan zich een beetje eenzaam voelen of heel erg.
- Ten vierde kan iemand zich op het ene moment eenzamer voelen dan op een ander moment.
- Tenslotte kan iemand zijn eenzaamheid overdrijven terwijl een ander het bagatelliseert.

Dat betekent dat je er niet bent met het stellen van zo maar een paar vragen. Dat geldt trouwens niet alleen voor het bepalen van eenzaamheid, maar ook voor het vaststellen van problemen als agressie, angst en depressie.

Een vragenlijst moet voldoen aan bepaalde psychometrische eisen. De belangrijkste zijn betrouwbaarheid en validiteit.

Betrouwbaarheid verwijst naar de mate waarin de verkregen antwoorden vrij zijn van toevalligheden. Om dat te bereiken en te toetsen zijn bepaalde regels en procedures ontwikkeld.

Validiteit heeft betrekking op de mate waarin een vragenlijst aan zijn doel beantwoordt. Dat betekent dat de vragenlijst ook inderdaad meet wat hij beoogt te meten. Om dat te realiseren zijn eveneens bepaalde methoden en procedures vastgelegd.

In de praktijk blijkt dat lang niet alle vragenlijsten aan deze eisen voldoen. Daarmee zijn die vragenlijsten niet meteen waardeloos, maar de uitslagen moeten wel met de nodige reserve worden bezien.

7.2 Vragen moeten meer inzicht geven

Een belangrijk verschil in opvatting gaat over de vraag of eenzaamheid een unidimensioneel of een multidimensioneel begrip is. Met andere woorden: is eenzaamheid een ondeelbaar begrip of zijn er aan eenzaamheid twee of meer dimensies of aspecten te onderscheiden. Daarover denken onderzoekers verschillend. Dat verschil in opvatting heeft vanzelfsprekend gevolgen voor het opstellen van de vragenlijst: onderzoekers die meer aspecten onderscheiden, zullen daar hun vragen ook op afstemmen.

De twee bekendste dimensies van eenzaamheid zijn:
- sociale eenzaamheid (geen vrienden, niemand om mee uit te gaan enzovoort);
- emotionele eenzaamheid (zich eenzaam voelen, zich buitengesloten voelen enzovoort).

Vragen over sociale eenzaamheid hebben veelal betrekking op de relaties met leeftijdgenoten en ouders. Voelen jeugdigen zich door hen afgewezen? Vragen over emotionele eenzaamheid hebben vooral betrekking op de aard van de eenzaamheidsgevoelens, zoals zich ongelukkig en verlaten voelen en geen kans zien om de situatie te veranderen.

Aan jonge kinderen kun je geen vragenlijst voorleggen. Om er dan achter te komen of een kind eenzaam is, zullen de ouders of de leerkracht het gedrag van het kind goed moeten observeren en daarbij erop moeten letten of:
- het kind zich terugtrekt;
- het kind veel alleen speelt;
- het kind weinig belangstelling toont voor zijn omgeving;
- andere kinderen een hekel aan hem/haar hebben.

7.3 Veel gebruikte eenzaamheidsvragenlijsten

De vragenlijsten zijn in te delen in unidimensionele en multidimensionele vragenlijsten. De voorstanders van unidimensionele vragenlijsten houden het op eenzaamheid als een ondeelbaar begrip. Zij vinden de aspecten die door anderen aan eenzaamheid worden onderscheiden niet onderscheidend genoeg. De voorstanders van een multidimensionele vragenlijst denken daar anders over en vinden dat het begrip eenzaamheid wel degelijk uit meer dimensies is opgebouwd.

7.3.1 Unidimensionele eenzaamheidsvragenlijsten

UCLA-eenzaamheidsschaal

Van alle vragenlijsten om te bepalen of iemand eenzaam is, wordt de UCLA Loneliness Scale waarschijnlijk het meest gebruikt. Onder leiding van Daniel Russell werd al in 1976 een begin gemaakt met de ontwikkeling van een eenzaamheidsschaal. De huidige schaal bestaat uit twintig uitspraken met betrekking tot eenzaamheid. Op de uitspraken kan gereageerd worden op een vierpuntsschaal lopend van 1, zo voel ik me nooit, naar 4, zo voel ik me vaak. Het gaat om uitspraken als: ik mis vrienden om me heen, ik heb niemand om mee te praten, niemand begrijpt mij, niemand kent mij goed, ik sta overal buiten.

Sinds het verschijnen van de eerste UCLA-eenzaamheidsschaal zijn er meerdere versies verschenen. Een vertaling van een van de laatste versies staat in bijlage 2.

Van de UCLA-schaal bestaan ook korte versies. Zowel de korte als de lange versies hebben significante verbanden aangetoond tussen eenzaamheid en depressie, angst, zich ongelukkig voelen, verlegenheid en onvrede met het leven.

Korte versie van UCLA-eenzaamheidsschaal

Een goed voorbeeld van een kortere versie is de Roberts UCLA Loneliness Scale (RULS-8). Deze schaal werd door Goossens et al. (2014) nader onder de loep genomen bij adolescenten in België. Uit dat onderzoek bleek dat deze korte versie voldeed aan de vereiste psychometrische eigenschappen. De schaal bestaat uit acht uitspraken met daarbij een vijfpuntsschaal lopend van 1, helemaal onjuist, naar 5, helemaal juist.

Het gaat om de volgende acht items:
- Ik mis het gezelschap van anderen.
- Ik voel me alleen.
- Ik heb niet het gevoel dat ik tot een groep van vrienden behoor.
- Ik voel me met niemand meer nauw verbonden.
- Ik voel me uitgesloten.
- Ik voel me geïsoleerd van anderen.
- Ik kan geen gezelschap vinden wanneer ik dat wil.
- XXX

De Jong-Gierveld eenzaamheidsschaal

In Nederland ontwikkelde Jenny de Jong-Gierveld, vooral bekend van haar onderzoek naar eenzaamheid onder ouderen, in 1989 een veelgebruikte eenzaamheidsschaal, die later ook geschikt is gemaakt voor onderzoek onder jongeren. Deze vragenlijst voldoet aan de psychometrische eisen en wordt inmiddels in veel landen gebruikt. De schaal bestaat uit elf items, die zijn weergegeven in bijlage 3.

7.3.2 Multidimensionele eenzaamheidsvragenlijsten

Children's Loneliness and Social Dissatisfaction Scale (LSDS)

Deze door Asher et al. (1984), Asher en Wheeler (1985) ontwikkelde schaal is een veel gebruikt instrument om vooral de eenzaamheid onder leerlingen te bepalen. Het is een schaal die voldoet aan de eisen van validiteit en betrouwbaarheid. Deze schaal, die oorspronkelijk 24 items bevatte, heeft model gestaan voor aanvullende versies en varianten gericht op het bloot leggen van meerdere dimensies van eenzaamheid. Het bekendst zijn de sociale en emotionele eenzaamheid, maar er zijn ook vragenlijsten gericht op andere dimensies, zoals eenzaamheid op school, in het gezin en onder leeftijdgenoten.

Er zijn eenzaamheidsschalen die zich richten op school en de volgende twee dimensies onderscheiden:
- eenzaamheid op school (voelt zich eenzaam op school, heeft geen enkele vriend in de klas);
- tevredenheid met de situatie (leerlingen in de klas mogen mij wel, ik heb veel vrienden in de klas).

Op die manier zijn er vier typen leerlingen te onderscheiden (tab. 7.1).

Elk van deze vier groepen laten verschillende samenhangen zien met probleemgedragingen. Leerlingen die zich in alle opzichten eenzaam voelen, zijn het meest kwetsbaar.

Ik teken hierbij aan dat wat hier als eenzaam wordt gekenschetst sterke overeenkomsten vertoont met emotionele eenzaamheid en wat als ontevreden wordt omschreven erg veel weg heeft van sociale eenzaamheid.

Tabel 7.1 Typologie van (eenzame) leerlingen

eenzaam	ontevreden	karakteristiek leerlingen
ja	nee	hebben geen vrienden, maar voelen zich toch thuis in de klas
ja	ja	hebben geen vrienden en voelen zich niet thuis in de klas
nee	ja	hebben vrienden maar voelen zich toch niet thuis in de klas

Vermeldenswaard is hier ook de door mij gehanteerde eenzaamheidsvragenlijst (eveneens gebaseerd op Asher et al. 1984) gebruikt om de eenzaamheid te bepalen onder problematische jeugdigen in tehuizen (Ploeg 1987). De vragenlijst onderscheidde twee dimensies: emotionele en sociale eenzaamheid. Het bleek dat de jeugdigen meer gebukt gingen onder de sociale dan onder de emotionele eenzaamheid. Het feit dat zij geen vrienden hebben in het tehuis en in de groep maakt hen eenzamer dan de emotionele eenzaamheid.

Leuvense eenzaamheidsschaal voor kinderen en adolescenten (LEKA)

Voor de ontwikkeling van deze schaal heeft de eerder genoemde LSDS model gestaan. Na een lange ontwikkelingsperiode (van 1993 tot 2012) heeft dat tenslotte geleid tot een betrouwbaar en valide meetinstrument (Goossens 2016). Het is het enige instrument in het Nederlandse taalgebied dat bedoeld is om meerdere dimensies van de eenzaamheid te bepalen bij jeugdigen van 10 tot 19 jaar.

Deze vragenlijst omvat vier dimensies Maes et al. (2015, 2016), te weten:
- oudergerelateerde eenzaamheid (ik voel me door mijn ouders in de steek gelaten);
- eenzaamheid onder leeftijdgenoten (ik heb minder vrienden dan anderen);
- aversie om alleen te zijn (wanneer ik alleen ben, voel ik me rot);
- graag alleen (ik ben graag alleen).

Elke dimensie bevat 12 items met in totaal 48 uitspraken die op een vierpuntsschaal worden gescoord, lopend van 1, zo voel ik me nooit, naar 4, zo voel ik me vaak. Hoe hoger de score, hoe meer er sprake is van eenzaamheid.

Deze vragenlijst wordt – evenals de eerder genoemde vragenlijsten – veel gebruikt in de klinische praktijk om te bepalen of een jeugdige eenzaam is, en zo ja, hoe erg de eenzaamheid is en tot hoever de eenzaamheid zich uitstrekt.

De eenzaamheidsvragenlijsten worden ook gebruikt in onderzoek. Onder meer om na te gaan met welke problemen de verschillende dimensies van eenzaamheid samengaan. Onderzoek met de LEKA heeft aangetoond dat de meest problematische jeugdigen zich eenzaam voelen onder hun leeftijdgenoten en bij hun ouders, en dat ze niet graag alleen zijn.

7.4 Veel overlap

Wanneer ik het terrein overzie van de eenzaamheidsschalen, dan valt mij op dat er veel vragen erg op elkaar lijken, vooral die vragen die de gevoelens van eenzaamheid peilen. Ook als het gaat om onderscheiding van de verschillende gebieden waarop eenzaamheid zich kan voordoen (gezin en school), lijken de vragen erg op elkaar. Dat is eveneens het geval als de eenzaamheid betrekking heeft op verschillende categorieën personen (ouders, vrienden, leerkrachten).

Dat wijst erop dat er veel overlap bestaat tussen de ontwikkelde eenzaamheidsschalen. Het houdt ook in dat eenzaamheid kennelijk goed in kaart is te brengen. Dat mag ook worden afgeleid uit het feit dat vertalingen van eenzaamheidschalen en vragenlijsten uit het buitenland zonder problemen in Nederland bruikbaar zijn.

Nu we de instrumenten in handen hebben om eenzaamheid onder jeugdigen goed te bepalen, ligt de uitdagende weg open om meer kennis te verzamelen over wat eenzaamheid doet met jeugdigen.

Literatuur

Asher, S. R., Hymel, P. D., & Renshaw, P. D. (1984). Loneliness in Children. *Child Development, 55,* 1456–1464.

Asher, S. R., & Wheeler, V. A. (1985). Children's Loneliness: A comparison of rejected and neglected peer status. *Journal of Consulting and Clinical Psychology, 53,* 500–505.

Goossens, L. (2016). *Leuvense eenzaamheidsschaal voor kinderen en adolescenten: Handleiding.* Leuven: Acco.

Goossens, L., Klimstra, T., Luyckx, K., Vanhalst, J., & Teppers, E. (2014). Reliability and Validity of the Roberts UCLA Loneliness Scale (RULS-8) With Dutch-Speaking Adolescents in Belgium. *Psychologica Belgica, 54,* 5–18.

Jong, J. de (1989). Program Overview: Personal relationships, social support and loneliness. *Journal of Social and Personal Relationships, 6,* 197–204.

Maes, M., Klimstra, T., Noortgate, W. van den, & Goossens, L. (2015). Factor structure and measurement invariancy of a multidimensional loneliness scale. *Journal of Child and Family Studies, 24,* 1829–1837.

Maes, M., Vanhalst, J., Spithoven, A. W. M., Noortgate, W. van den, & Goossens, L. (2016). Loneliness and attitudes toward aloneness in adolescence. *Journal of Youth Adolescence, 45,* 547–567.

Ploeg, J. D. van der (1987). Niet alleen en toch eenzaam. *Tijdschrift voor Orthopedagogiek, 26,* 557–574.

Russel, D. (1982). The Measurement of Loneliness. In: Peplau, L.A., & Perlman, D. (red.). *Loneliness.* New-York: John Wiley & Sons.

Risicogroepen

8.1 Inleiding – 60

8.2 Jeugdigen met autisme – 60

8.3 Jeugdigen met ADHD – 61

8.4 Jeugdigen met te weinig leervaardigheden – 62

8.5 Jeugdigen met gedragsproblemen – 63
8.5.1 Geëxternaliseerde gedragsproblemen – 64
8.5.2 Geïnternaliseerde gedragsproblemen – 64

8.6 Jeugdigen met een andere etnische achtergrond – 65

8.7 Persoonlijkheidsfactoren – 65

Literatuur – 66

© Bohn Stafleu van Loghum, onderdeel van Springer Media B.V. 2018
J. van der Ploeg, *Eenzaamheid bij jeugdigen*, DOI 10.1007/978-90-368-1953-4_8

8.1 Inleiding

Het is niet aannemelijk dat elke jeugdige evenveel kans loopt om eenzaam te worden. Jeugdigen groeien op onder verschillende omstandigheden en verschillen ook qua aanleg van elkaar. Dat leidt ertoe dat geen twee jeugdigen hetzelfde zijn. De ontwikkeling van jeugdigen verloopt verschillend. Meestal voltrekt dat proces zich zonder al te grote problemen.

Er zijn echter ook jeugdigen bij wie de ontwikkeling moeizaam verloopt. Dat kan een gevolg zijn van in aanleg ongunstige kenmerken en/of van bepaalde afwijkende (gezins)omstandigheden of culturele achtergronden. Deze jeugdigen lopen het risico sociale en emotionele problemen te ontwikkelen en hebben daarmee ook meer kans op het ontstaan van eenzaamheid (Scholte en Ploeg 2017). Het gaat hier om de volgende vijf groepen:

- jeugdigen met autisme,
- jeugdigen met ADHD,
- jeugdigen met leerproblemen,
- jeugdigen met gedragsproblemen,
- jeugdigen met een andere etnische achtergrond.

8.2 Jeugdigen met autisme

Jeugdigen met autisme voelen zich vaker eenzaam dan hun niet-autistische leeftijdgenoten. Zij hebben weinig behoefte aan sociale contacten met anderen en missen ook de vaardigheden om contacten te leggen en te onderhouden. Daardoor worden deze jeugdigen gemakkelijk eenzaam. Typerend voor jeugdigen met autisme is dat zij vooral problemen hebben op het sociale en communicatieve vlak. Het aantal jongens en meisjes in Nederland met autisme is minder dan 1,5 %. Dat lijkt niet veel, maar het gaat wel om bijna 50.000 jeugdigen.

Autisme is een complexe ontwikkelingsstoornis met veel elkaar overlappende symptomen, die tezamen worden getypeerd als een autismespectrumstoornis (ASS). Deze stoornis bestaat uit twee dimensies:

1. *Gebrek aan interactieve en communicatieve vaardigheden*
   Onder deze noemer vallen symptomen die verwijzen naar tekorten in het omgaan met elkaar. Jeugdigen met ASS hebben grote moeite om zich aan te passen. Zij vinden het ook moeilijk om met anderen te spelen of samen plezier te maken. Liever zijn ze op zichzelf en nemen ze niet het initiatief om contact te maken met anderen. Deze jeugdigen missen ook de vaardigheden om meningen, interesses en gevoelens met elkaar te delen. Zij begrijpen de bedoelingen van anderen vaak niet. Het ontbreekt hen dikwijls aan vrienden.
2. *Vreemde, afwijkende gedragspatronen*
   De symptomen die onder deze noemer vallen, hebben betrekking op ongewone gedragspatronen. Een belangrijk kenmerk is de voortdurende herhaling van bepaalde gedragingen, die uiteen kunnen lopen van heen en weer schommelen met het hele lichaam tot aanhoudend op de eigen handen staren.

Veel van deze jeugdigen raken in de war bij onverwachte gebeurtenissen. Ze zijn niet flexibel. Opvallend is ook hun vaak vlakke gelaatsuitdrukking waaruit niet af te leiden valt wat er in hen omgaat.

Het is goed te begrijpen dat deze beide kenmerken ertoe leiden dat veel autistische jeugdigen weinig tot geen vrienden hebben. En voor zover ze die wel hebben, zijn die relaties vaak oppervlakkig. Ze zijn het liefst op zichzelf. Dat verhoogt niet alleen het risico op eenzaamheid, maar het maakt ook dat zij vaak worden gepest.

Veel jeugdigen met autisme zijn zich bewust van hun moeilijkheden en dat brengt bij een groot deel van hen onzekerheid en angst met zich mee. Het is vooral de combinatie van angst en eenzaamheid die veel wordt aangetroffen bij jeugdigen met autisme (White 2009).

Naarmate ze ouder worden, krijgen autistische jeugdigen het vaak moeilijk doordat hun sociale omgeving steeds complexer wordt. Dat vergt meer sociale vaardigheden, en daar ontbreekt het hen juist aan. De kans op eenzaamheid neemt daarmee ook toe.

8.3 Jeugdigen met ADHD

Ook onder jeugdigen met ADHD komt veel eenzaamheid voor. ADHD is de afkorting van *attention deficit hyperactivity disorder*. In het Nederlands wordt ook wel gesproken van aandachtstekort met hyperactiviteit. Hun drukke, impulsieve en ondoordachte gedrag brengt ADHD-jeugdigen gemakkelijk in botsing met anderen. Zij worden daarom vaak gemeden, met het risico dat zij vereenzamen.

Onder de jeugdigen van vier tot achttien jaar heeft ruim 6 % ADHD. Het komt bij jongens drie tot vijf keer vaker voor dan bij meisjes. Jeugdigen met ADHD hebben vaak ook andere problemen. Meer dan de helft van hen heeft tevens gedragsproblemen en leerproblemen en/of heeft last van depressie en angst. Jeugdigen met ADHD functioneren op drie aspecten onvoldoende:

1. *Aandachtstekort*
   Kinderen die kampen met aandachtstekort hebben grote moei-te hun aandacht bij hun taken, spel of gesprekken te houden. Dit tekort is zichtbaar op tal van terreinen. Zo hebben deze jeugdigen opvallend weinig oog voor details. Hun (school)werk is meestal rommelig en bevat veel fouten die duiden op slordigheid. Verder kunnen zij zich slecht concentreren op hun bezigheden, maken zij hun werk niet af, beginnen zij met een andere taak voordat de vorige is af-ge-rond. Verder hebben ze er moeite mee hun werk te organiseren en gaan ze vaak onzorgvuldig om met hun bezittingen. Zo ligt hun schoolmateriaal vaak overal verspreid met als gevolg dat ze het niet of pas na lang zoeken kunnen vinden. Het aandachtstekort belemmert het sociaal functioneren van deze kinderen. Zij vergeten vaak afspraken, wisselen veel van gespreksonderwerp, kunnen hun hoofd niet bij het gesprek houden, luisteren maar half en houden zich vaak niet aan de afgesproken regels.
2. *Hyperactiviteit*
   Hyperactieve jeugdigen kunnen niet lang stil blijven zitten. Dat zorgt vooral op school voor problemen. Daar worden ze immers geacht op hun plaats te blijven zitten en niet in de klas heen en weer te lopen. Hyperactieve jeugdigen rennen veel rond, klimmen overal op en zitten overal aan. Ze kunnen zichzelf niet rustig vermaken, praten veel en druk, maken lawaai en zijn altijd maar in de weer. Het is alsof ze worden aangedreven door een onzichtbare motor.

3. *Impulsiviteit*
   Kenmerkend voor impulsieve jeugdigen is dat zij direct reageren op prikkels uit hun omgeving. Ze handelen zonder na te denken. Zij gooien hun antwoord er al uit voordat de vraag helemaal is gesteld en ze hebben al een besluit genomen nog voordat ze weten wat er precies aan de hand is. Deze jeugdigen zijn erg ongeduldig en kunnen niet wachten tot het juiste moment. Dat is te zien in de omgang met anderen: zij hebben vaak moeite om op hun beurt te wachten. Tot ergernis van andere jeugdigen verstoren zij vaak de gesprekken door herhaaldelijk te interrumperen. Te pas en te onpas geven impulsieve kinderen com-mentaar. Daarnaast hangen zij vaak de clown uit. Impulsieve jeugdigen zien vaak geen gevaren. Zij zoeken het op.

ADHD-jeugdigen worden heel vaak door hun leeftijdgenoten afgewezen. Hun storende gedrag roept weerstanden op. In de klas hebben ze weinig tot geen vrienden. Ze raken gemakkelijk in een isolement. Dat belemmert dat zij zich in een positieve richting ontwikkelen. Eenzaamheid ligt hier op de loer.

8.4 Jeugdigen met te weinig leervaardigheden

Leervaardigheden maken dat een jeugdige op school zo veel mogelijk presteert overeenkomstig zijn mogelijkheden. Die mogelijkheden zijn niet bij iedereen gelijk. Er zijn meer en minder intelligente leerlingen, maar zijn er ook leerlingen met een lichte of zware mentale of fysieke handicap. Niet iedereen kan even hoge leerprestaties leveren.

Het onderwijs in Nederland is zo ingericht, dat elke jeugdige zich op zijn/haar niveau moet kunnen ontwikkelen. De uitdaging is om elke leerling te helpen het optimale te halen uit zijn/haar mogelijkheden. Om optimaal te kunnen presteren heeft een leerling bepaalde leervaardigheden nodig. Leerlingen met te weinig leervaardigheden komen vaak in problemen. Hun leerprestaties laten te wensen over en ze raken achter bij hun klasgenoten. Dat kan gevolgen hebben voor de omgang met de andere leerlingen. Ze raken geïsoleerd en lopen het risico eenzaam te worden.

Het aantal leerlingen met leerachterstanden en een problematische werkhouding bedraagt in het reguliere basisonderwijs ruim 15 % en in het speciaal onderwijs is dat aantal aanzienlijk groter. Het gaat hierbij om de volgende leervaardigheden:
1. *Taakgerichtheid*
   Leerlingen die een taakgerichte werkhouding missen, werken ongedisciplineerd, slordig en ineffectief. Het lukt deze leerlingen niet zich volledig in te zetten voor een adequate uitvoering van hun taken Zij maken hun taken dikwijls niet af omdat zij dat niet de moeite waard vinden.
2. *Concentratie*
   Leerlingen met concentratieproblemen kunnen hun aandacht niet bij het onderwerp houden en zijn meer met zichzelf en eigen dingen bezig dan met hun werk. Veel van deze kinderen zijn vergeetachtig en maken soms een afwezige indruk.
3. *Motivatie*
   Ongemotiveerde leerlingen missen de drang om te presteren. Zij zijn niet leergierig en hebben geen interesse in de lesstof. Zij doen niet hun best en gaan meestal ook niet graag naar school. Zij beschouwen de school als een noodzakelijk kwaad en spannen zich er zo weinig mogelijk voor in.

4. *Planmatig werken*
   Niet planmatig werkende leerlingen zijn te herkennen aan hun gebrek aan ordening en vooruitkijken. Zij werken chaotisch, ontplooien geen initiatieven, hebben geen goede kijk op zichzelf, kunnen niet vooruitdenken en gaan vaak ongericht en zonder een duidelijk doel aan de slag.
5. *Werktempo*
   Een laag werktempo uit zich vooral in een trage en langzame uitvoering van taken. Dat is goed zichtbaar als er gewerkt wordt onder tijdsdruk. Verder doen deze leerlingen er lang over om met een taak of opdracht te beginnen. En eenmaal begonnen hebben zij grote moeite om een vlot werktempo vast te houden.
6. *Volharding*
   Leerlingen met weinig volharding geven snel op wanneer het tegen zit. Zij hebben er moeite mee hun werk af te maken. Aanvankelijk zijn ze optimistisch aan hun werk begonnen, maar zij raken gefrustreerd omdat het niet lukt en haken dan af. Een taak duurt in hun beleving al gauw te lang.

Leerlingen met gebrekkige leervaardigheden moeten zich voortdurend inspannen om de andere leerlingen bij te houden en als dat niet lukt, raken ze ontmoedigd. Dat kan leiden tot faalangst en een laag zelfbeeld. Ze voelen zich een buitenbeentje en zo zien de andere leerlingen hen ook. Dat leidt dikwijls tot slechte relaties met hun klasgenoten. Ook het contact met de leerkracht blijkt vaak verre van optimaal. Tegen deze achtergrond verbaast het niet dat in meerdere onderzoeken naar voren komt dat onder jeugdigen met leerproblemen meer eenzaamheid voorkomt dan onder jeugdigen zonder leerproblemen (Bauminger en Kimhi-Kind 2008; Sharabi en Margalit 2011, Tekinarslan en Kucuker 2015; Kucuker en Tekinarslan 2015).

8.5 Jeugdigen met gedragsproblemen

Gedragsproblemen zijn te onderscheiden in twee grote categorieën: geëxternaliseerde en geïnternaliseerde gedragsproblemen. In het eerste geval gaat het om gedragingen die naar buiten gericht zijn en door de ander als storend worden ervaren, zoals agressie, vijandigheid, vandalisme en delinquentie. Bij de tweede categorie gedragsproblemen zijn de problemen naar binnen gericht en heeft de betrokkene er vooral zelf veel last van, zoals angst, zich isoleren, somberen en piekeren.

Gedragsproblemen staan zelden op zichzelf en gaan meestal gepaard met andere problemen. Zo gaat agressie vaak samen met delinquent gedrag en zijn angstige jeugdigen vaak ook depressief. Het komt eveneens voor dat een jeugdige niet alleen agressief is, maar tegelijkertijd ook angstig.

Veel gedragsproblemen hangen samen met eenzaamheid. Het is echter niet altijd even duidelijk welk gedragsprobleem eenzaamheid veroorzaakt. Meestal is het een combinatie van meer gedragsproblemen.

8.5.1 Geëxternaliseerde gedragsproblemen

Geëxternaliseerde gedragsproblemen komen bij 5 tot 6 % van de jeugdigen voor. Het betreft de volgende gedragsproblemen:

1. *Oppositioneel-opstandig gedrag*
   Deze jeugdigen verzetten zich op een hinderlijke en ergerlijke manier tegen anderen. Dat kunnen leeftijdgenoten zijn, maar meer nog voeren ze oppositie tegen volwassenen. Dit leidt herhaaldelijk tot botsingen. Het dwarse gedrag gaat vaak gepaard met prikkelbaar en opvliegend gedrag.
2. *Agressief gedrag*
   Agressie verwijst naar gedragingen die erop zijn gericht anderen psychische of lichamelijke schade te berokkenen. Het gaat hierbij om handelingen als bedreigen, pesten, vechten, slaan en schoppen, maar ook om het opzettelijk vernielen van andermans eigendommen. Agressief gedrag kan zich op verschillende manieren uiten. De agressie kan lichamelijk, psychisch, verbaal, non-verbaal, direct en indirect van aard zijn.
3. *Antisociaal gedrag*
   Bij dit type gedrag kunnen we denken aan lichte vormen als de waarheid verdoezelen, liegen en onbetrouwbaar gedrag, maar er zijn ook ernstiger vormen van antisociaal gedrag, zoals diefstal, inbraak en beroving. Dan gaat het om wetsovertredend gedrag en is een jeugdige op het pad naar delinquentie terechtgekomen.

8.5.2 Geïnternaliseerde gedragsproblemen

Geïnternaliseerde gedragsproblemen komen bij 11 % van de jeugdigen voor. Het gaat hierbij om:

1. *Angst in het algemeen*
   Onder deze noemer vallen jeugdigen met een sterke angst die niet samenhangt met een bepaalde situatie of een bepaald voorwerp. Het gaat hier om een onberedeneerbare angst. Jeugdigen die daar last van hebben, piekeren veel, kunnen hun angstgevoelens niet van zich afzetten en raken gemakkelijk verstrikt in hun eigen angsten.
2. *Angstig-teruggetrokken gedrag*
   Deze sociaal angstige jeugdigen hebben last van angst voor sociale situaties waarin zij anderen tegenkomen. Zij zijn bang om te worden bekritiseerd door anderen. Het gevolg is dat zij sociale situaties vermijden. Hierdoor komen ze dikwijls alleen te staan. Het zijn veelal verlegen, in zichzelf gekeerde jeugdigen die weinig of niet voor zichzelf opkomen.
3. *Angstig-depressief gedrag*
   Het gaat hier om jeugdigen met gevoelens van verdriet, neerslachtigheid, somberheid en waardeloosheid. Zij zitten vaak in de put en zien niet hoe ze daar uit kunnen komen. Zij voelen zich ongelukkig en denken dat iedereen hen in de steek heeft gelaten. Een angstig-depressieve stemming gaat dikwijls gepaard met het gevoel een waardeloos iemand te zijn.

Elk van de hier genoemde gedragsproblemen versterkt de kans op eenzaamheid. Dat is vooral het geval bij angstig-teruggetrokken gedrag en angstig-depressief gedrag. Deze jeugdigen zijn verlegen, teruggetrokken, introvert, niet assertief, angstig en bang om initiatieven te nemen (Heinrich en Gullone 2006).

8.6 Jeugdigen met een andere etnische achtergrond

Jeugdigen uit andere landen hebben vaak aanpassingsproblemen. Zij moeten een andere taal leren en zich aanpassen aan andere leefgewoonten en normen. Zij laten vaak vrienden en familie achter en moeten in feite een nieuwe identiteit opbouwen. Maakt hen dat ook vatbaar voor eenzaamheid? Die vraag is niet zo eenvoudig te beantwoorden. Er spelen allerlei factoren een rol:

1. *Verschillen tussen het land van herkomst en Nederland*
   Hoe groter de verschillen tussen de normen en waarden zijn in Nederland en in het land van herkomst, hoe moeilijker het is om zich hier thuis te voelen. Ook grote verschillen in historische en culturele achtergronden maken het lastig om Nederland als thuis te ervaren.
2. *Verschil in motivatie*
   Niet iedere jeugdige is even sterk gemotiveerd om een opleiding te volgen, de taal te leren of een baan te zoeken. Ook houdt de een langer vast aan de gewoonten uit zijn geboorteland dan de ander. Dat kan de integratie belemmeren. Dat is ook het geval als de ouders van de jeugdigen blijven vasthouden aan de normen en waarden van het geboorteland.
3. *Verschil in opvang*
   Niet overal worden jeugdigen met een andere etnische achtergrond even positief opgevangen en geholpen hun weg te vinden in Nederland. De begeleiding en coaching kan per gemeente verschillen. Hoe slechter het opvangtraject is geregeld, hoe groter is de kans dat de integratie stagneert.

Jeugdigen met een sterk afwijkende achtergrond die niet gemotiveerd zijn om te integreren en blijven vasthouden aan hun oude opvattingen en gewoontes, hebben meer kans om eenzaam te worden. Dat geldt ook voor jeugdigen die in Nederland niet goed worden opgevangen en begeleid.

Nederlandse cijfers over eenzaamheid onder jeugdigen met een andere etnische achtergrond ontbreken. In een recente studie is eenzaamheid onder adolescenten in Denemarken onderzocht. Daaruit blijkt dat eenzaamheid onder 4 % van de Deense jeugdigen voorkomt, terwijl 11 % van de jeugdigen die tot een etnische minderheidsgroep behoren zich eenzaam voelt (Madsen 2016). Dat is bijna driemaal zoveel.

8.7 Persoonlijkheidsfactoren

Tot dusver is het gegaan over bepaalde categorieën jeugdigen. Maar ook individuele persoonlijkheidskenmerken spelen een rol in het ontstaan van eenzaamheid (Teppers et al. 2013). Er zijn meerdere onderzoeken uitgevoerd om persoonlijkheidskenmerken te achterhalen die de kans daarop vergroten. Dat heeft veel kenmerken opgeleverd. Bijzonder is dat niet, aan het ontstaan van gedrag leveren persoonlijkheidskenmerken immers altijd een grote of kleine bijdrage.

Met betrekking tot eenzaamheid zijn onder meer de volgende persoonlijkheidstrekken naar voren gekomen: sociale angst, verlegenheid, laag zelfbeeld, te weinig zelfcontrole, pessimisme, afhankelijkheid, onzekerheid, passieve en ineffectieve copingstrategieën en een gebrek aan zelfbeschikking (externe locus of controle). Dit laatste kenmerk verwijst naar jeugdigen die geloven dat zij geen invloed kunnen uitoefenen op hun situatie; zij voelen zich eerder het slachtoffer.

Het gaat hier om bij herhaling vastgestelde, systematische verbanden, maar dat betekent niet dat er sprake is van causale relaties. Het voorgaande wil alleen zeggen dat jeugdigen met deze eigenschappen meer kans lopen om eenzaam te worden. Of dat ook gebeurt, hangt samen met de situatie waarin de jeugdige verkeert en opgroeit.

Het onderzoek naar belangrijke risicovolle persoonlijkheidskenmerken heeft zich vooral gericht op de samenhang met de *big five* van McGrae en Costa (1987) en de drie persoonlijkheidsfactoren van Eysenck (1953) en Eysenck en Eysenck (1976). Beide persoonlijkheidstypologieen zijn later meermalen herzien en aangepast, maar zijn in essentie niet veel veranderd (bijlage 4).

Literatuur

Bauminger, N., & Kimhi-Kind, L. (2008). Social information processing, security of attachment and emotion regulation in children with learning disabilities. *Journal of Learning Disabilities, 41*, 315–321.

Eysenck, H. J. (1953). *The Structure of Human Personality*. New York: Wiley.

Eysenck, H. J., & Eysenck, S. B. G. (1976). *Psychoticism as a Dimension of Personality*. London: Hodder & Stroughton.

Heinrich, L. M., & Gullone, E. (2006). The clinical significance of loneliness: A literature review. *Clinical Psychology Review, 26*, 695–718.

Kucuker, S., & Tekinarslan, I. C. (2015). Comparison of the Self-Concepts, Social Skills, Problem Behaviors, and Loneliness of Students with Special Needs in Inclusive Classrooms. *Educational Sciences: Theory & Practice, 15*, 1559–1573.

Madsen, K. R. (2016). Loneliness and Ethnic Composition of the School Class. *Journal of Youth and Adolescence, 45*, 1350–1365.

McGrae, R. R., & Costa, P. T. (1987). Validation of the five-factor model of personality across instruments and observers. *Journal of Personality and Social Psychology, 52*, 81–90.

Scholte, E. M., & Ploeg, J. D. van der (2017). *Handboek sociaal-emotionele vaardigheden*. Houten: Bohn Stafleu van Loghum.

Sharabi, A., & Margalit, M. (2011). The Mediating Role of Internet Connection, Virtual Friends, and Mood in Predicting Loneliness Among Students With and Without Learning Disabilities in Different Educational Environments. *Journal of learning Disabilities, 44*, 215–227.

Tekinarslan, I. C., & Kucuker, S. (2015). Examination of the Psychometric Properties of the Children's Loneliness Scale for Students with and without Special Needs in Inclusive Classrooms. *Educational Sciences: Theory & Practice, 15*, 709–721.

Teppers, E., Klimstra, T. A., Damme, C. van, Luyckx, K., Vanhalst, J., & Goossens, L. (2013). Personality traits, loneliness, and attitudes toward loneliness in adolescence. *Journal of Social and Personal Relationships, 30*, 1045–1063.

White, S. W. (2009). Anxiety, Social Deficits, and Loneliness in Youth with Autism Spectrum Disorders. *Journal of Autism and Developmental Disorders, 39*, 1006–1013.

Het sociaal netwerk als ruggensteun

9.1	Inleiding – 68
9.2	**Wat is een sociaal netwerk? – 68**
9.2.1	Omvang – 69
9.2.2	Dichtheid – 69
9.2.3	Homogeniteit – 69
9.2.4	Stabiliteit – 69
9.3	**Informele sociale steun – 69**
9.4	**Belangrijke vormen van sociaal-emotionele steun – 70**
9.4.1	Emotionele steun – 70
9.4.2	Sociale steun – 70
9.4.3	Waardering – 70
9.4.4	Erbij horen – 71
9.5	**Belangrijke bronnen van sociaal-emotionele steun – 71**
9.5.1	Ouders – 71
9.5.2	Vrienden – 71
9.5.3	Leerkrachten – 72
9.5.4	Het cumulatieve effect – 72
9.6	**Tot slot – 72**
	Literatuur – 72

© Bohn Stafleu van Loghum, onderdeel van Springer Media B.V. 2018
J. van der Ploeg, *Eenzaamheid bij jeugdigen*, DOI 10.1007/978-90-368-1953-4_9

> **Intro**
>
> » Toen ik naar de middelbare school ging, werd ik echt eenzaam. Al het vertrouwde was weg en ik moest weer opnieuw beginnen. Mijn oude vrienden en ik groeiden uit elkaar. We gingen onze eigen weg. Eén goede vriendin zou mijn eenzaamheid al een beetje verhelpen. We zouden veel leuke dingen samen kunnen doen.
>
> *Jansje, 15 jaar, op de internetsite* ▶ *Eenzaam.nl (2015)*
>
> » Ik ben een meisje van 14 en voel me eenzaam. Ik heb een tijdje geleden ruzie gekregen met mijn vriendin en ben niet meer welkom in het groepje waar mijn vriendin en ik bij hoorden. Sindsdien voel ik me zo alleen. Ik voel me uitgesloten en stom. Ik wil graag afspreken voor mijn vakantie, maar ik weet niet met wie. Ik voel me echt depressief en ik wil echt gewoon dood.
>
> *Anoniem, 14 jaar, op de internetsite Klikvoorhulp (2011)*

9.1 Inleiding

Van eenzame jeugdigen wordt dikwijls gezegd dat zij geen sociaal netwerk hebben. In dit hoofdstuk leg ik uit wat een sociaal netwerk inhoudt, hoe het tot stand komt en wat de betekenis is van een sociaal netwerk.

Het zal blijken dat sociale netwerken erg van elkaar kunnen verschillen, maar dat niemand zonder kan. Het zijn de verbindingslijnen met anderen die ervoor zorgen dat we niet vereenzamen. Voor iedereen, maar zeker voor jeugdigen in ontwikkeling, zijn deze relaties van essentieel belang. Om een eigen identiteit te vormen zijn relaties met anderen onmisbaar. Door de ontmoetingen met anderen leren we onszelf (beter) kennen. Een sociaal netwerk biedt daartoe bij uitstek de gelegenheid. Het helpt ook voorkomen dat jeugdigen vereenzamen.

9.2 Wat is een sociaal netwerk?

Een sociaal netwerk is het geheel aan personen met wie een iemand contacten of relaties onderhoudt (Ploeg 2007). Bij jeugdigen moeten we hierbij denken aan ouders, vrienden, familieleden, leerkrachten en leeftijdgenoten, kortom aan de mensen die voor de jeugdige belangrijk kunnen zijn. Anders dan het woord 'netwerk' suggereert, is het niet een samenhangend geheel van personen die elkaar allemaal kennen. Het is geen club met vaste leden. Het sociale netwerk bestaat uit personen die voor de jeugdige minder of meer belangrijk zijn. Dat kunnen een of meer vrienden zijn met wie veel samen wordt gedaan, maar ook een oma met wie zo nu en dan contact is, kan een plaats hebben binnen het sociale netwerk.

Het ene sociale netwerk is het andere niet. Sociale netwerken kunnen er heel verschillend uitzien. Er zijn verschillende kanten aan te onderscheiden (Buysse 1997).

9.2.1 Omvang

Een netwerk kan groot, maar ook klein zijn. Het kan veel en weinig vrienden en bekenden bevatten. Het gemiddelde netwerk van jeugdigen bestaat uit ongeveer twintig personen. De helft daarvan zijn vrienden en leeftijdgenoten. Ouders, broers, zussen en verdere familieleden maken ongeveer 40 % van het netwerk uit. De overige 10 % zijn overige volwassenen zoals leerkrachten en/of jeugdleiders.

Dit is een gemiddeld beeld. In werkelijkheid zijn er grote verschillen en kunnen netwerken in grootte uiteenlopen van een of twee personen tot meer dan dertig personen.

9.2.2 Dichtheid

Dit aspect heeft betrekking op de intensiteit en frequentie van de onderlinge contacten. Er kan heel vaak contact zijn tussen de leden van het netwerk, maar er kan ook erg weinig onderling contact zijn. De leden van een netwerk kunnen verder dikke vrienden met elkaar zijn, maar het netwerk kan ook bestaan uit oppervlakkige contacten.

Kortom sociale netwerken kunnen uiteenlopen van hechte netwerken tot netwerken die als los zand aan elkaar hangen.

9.2.3 Homogeniteit

Een sociaal netwerk kan bestaan uit personen met vergelijkbare achtergronden, bijvoorbeeld van dezelfde school, uit dezelfde buurt en met eenzelfde interesses. Maar het kunnen ook heel verschillende personen zijn met uiteenlopende leeftijden, opleidingen en status. Ook kan een netwerk bestaan uit uitsluitend familieleden of alleen leeftijdgenoten.

Kort gezegd kan een sociaal netwerk homogeen maar ook behoorlijk heterogeen zijn.

9.2.4 Stabiliteit

Een sociaal netwerk kan al heel lang dezelfde samenstelling hebben, maar het kan ook voortdurend veranderen. Sociale netwerken die af en toe iets van samenstelling veranderen, maar in grote lijnen toch uit dezelfde personen blijven bestaan, worden stabiel genoemd. Daarentegen spreekt men van instabiele netwerken als die voortdurend een andere samenstelling hebben.

Eenzame jeugdigen hebben vaak geen of een gemankeerd sociaal netwerk. Het is vaak klein, weinig stabiel, niet erg homogeen en weinig diepgaand.

9.3 Informele sociale steun

De belangrijkste functie van een sociaal netwerk is steun geven. Die steun kan uit verschillende en uiteenlopend vormen aannemen. Ik noem hier:
- medeleven tonen en waardering geven;
- adviezen en/of informatie verstrekken;
- materiële ondersteuning bieden;
- fysieke bijstand geven;
- begrip tonen, bemoedigen, motiveren en luisteren.

Eenzame jeugdigen missen dikwijls deze steun. Dat is een groot gemis omdat deze informele steun van vrienden, bekenden, familie en anderen erg belangrijk is en soms belangrijker dan de hulp van een psycholoog of psychiater.

De sociaal psychiater Caplan (1974) 'ontdekte' destijds dat mensen in psychische nood veel baat hebben bij steun van mensen in hun directe nabijheid. Hij stelde vast hoe ondersteuning van buren, vrienden, familie, wijkagent, geestelijk verzorger, sporttrainer, mentor en leerkracht kan helpen om psychische problemen te overwinnen.

Recent onderzoek laat zien dat jeugdigen die kunnen rekenen op informele sociale ondersteuning van nabije personen beter functioneren en minder problemen te zien geven (Cavanaugh en Buehler 2015). Met deze informele steun kan ook eenzaamheid worden voorkomen.

Het probleem met eenzame jeugdigen is dat zij vaak geen ondersteunend sociaal netwerk hebben. De genoemde onderzoeksbevindingen laten echter juist heel duidelijk zien hoe belangrijk het kan zijn om mensen uit de nabije omgeving te mobiliseren om eenzame jeugdigen uit hun isolement te halen.

9.4 Belangrijke vormen van sociaal-emotionele steun

In de vorige paragraaf heb ik al enkele voorbeelden gegeven van sociale steun. In deze paragraaf ga ik in op de vier centrale vormen van steun die het sociale netwerk kan geven. Het zijn steungevende activiteiten die de jeugdige een blij en tevreden gevoel geven.

9.4.1 Emotionele steun

Onder deze noemer vallen vormen van steun als:
- de ander dichtbij voelen staan;
- de ander in vertrouwen kunnen nemen;
- iemand zijn aan wie je je persoonlijke problemen kunt voorleggen;
- iemand zijn met wie je angsten en zorgen kunt delen.

9.4.2 Sociale steun

Deze noemer verwijst naar activiteiten met een sterk sociale inslag. Het gaat hier om vormen van concrete hulp als:
- geld of een fiets lenen;
- helpen bij een verhuizing;
- op je kat passen als je met vakantie bent;
- je raad geven bij lastig te maken huiswerkopdrachten.

9.4.3 Waardering

Dit aspect van steun gaat om de mate waarin jeugdigen zich binnen hun netwerk gewaardeerd voelen en daaraan ook zelfvertrouwen ontlenen. Het gaat om ervaringen als:
- mensen in mijn netwerk hebben een hoge dunk van me;
- anderen maken mij complimenten;
- anderen zien me wel zitten.

9.4.4 Erbij horen

Deze vorm van steun wordt ontleend aan het gevoel erbij te horen en deel uit te maken van het sociale netwerk. Dat gevoel ontstaat als:
- je vaak wordt uitgenodigd voor een verjaardag;
- je vaak wordt gevraagd om mee te gaan stappen;
- als je veel gemeenschappelijke interesses hebt.

Eenzame jeugdigen missen veel van deze vormen van steun. Dat ze hier toch worden genoemd, heeft tot doel meer inzicht te geven in de vraag waaraan het bij de eenzame jeugdigen schort. Op welke vormen van hulp kan de eenzame jeugdige nog wel/niet rekenen.

9.5 Belangrijke bronnen van sociaal-emotionele steun

In de voorgaande paragraaf heb ik laten zien hoe belangrijk het sociale netwerk is voor het welzijn van kinderen en jongeren. Het speelt een cruciale rol bij het voorkomen en oplossen van problemen in het algemeen en van eenzaamheid in het bijzonder. De sociale steun is te zien als een beschermende factor tegen eenzaamheid.

In deze paragraaf ga ik in op drie belangrijke personen bij wie jeugdigen vaak steun vinden en die veelal deel uitmaken van het sociale netwerk van jeugdigen.

9.5.1 Ouders

De ouders kunnen een belangrijke bijdrage leveren aan voorkoming van eenzaamheid door steun te geven op belangrijke momenten. Die steun is het meest nodig als de jeugdigen in de basisschoolleeftijd verkeren. Daarvoor en daarna is dat minder het geval. Er zijn momenten waarop de steun van ouders extra belangrijk is:
- Op momenten van tegenslag en bij stressvolle gebeurtenissen of situaties kunnen ouders fungeren als belangrijke steunpilaren in het opvangen en geruststellen van hun kind en kunnen zij hulp bieden bij de verwerking van de gebeurtenissen.
- Bij transities zoals wisseling van school en verhuizing kan sociale ondersteuning van de ouders voorkomen dat jeugdigen gaan disfunctioneren en terechtkomen in vormen van eenzaamheid.
- Steungevende ouders kunnen vroegtijdig signalen opmerken die mogelijk tot eenzaamheid leiden, zoals het vermijden van contacten met andere kinderen en het ontbreken van vriendjes.

9.5.2 Vrienden

Steun van vrienden werkt eveneens als een buffer tegen eenzaamheid. Die steun is vooral van belang als de jeugdigen in de adolescentiefase verkeren. Kenmerkend voor deze fase is onder meer het losmakingproces van de ouders. De jeugdigen worden zelfstandiger, krijgen meer autonomie en komen meer en meer op eigen benen te staan. Wanneer zich nu ingrijpende en stressgevende gebeurtenissen voordoen, spelen vrienden een grotere rol dan de ouders. De vrienden staan dichter bij en de ouders komen verder weg te staan.

De steungevende bijdragen van vrienden hebben meestal betrekking op dagelijkse bezigheden, schoolkwesties en ruzies met andere leeftijdgenoten.

9.5.3 Leerkrachten

Vaak wordt vergeten dat ook de leerkracht een belangrijke persoon is in het leven van jeugdigen. Dat geldt met name voor de leerkracht in het basisonderwijs. De leerkracht is niet alleen lesgever maar vervult ook pedagogische taken zoals het stimuleren en motiveren van leerlingen om tot goede leerprestaties te komen en het bijsturen van hun gedrag. Tegen die achtergrond is het niet vreemd dat in onderzoek herhaaldelijk is gebleken dat een positieve relatie met de leerkracht een gunstig effect heeft op de leerprestaties en het gedrag van leerlingen. Bij tegenslag zoals tegenvallende cijfers of gepest worden is de sociale steun van een leerkracht eveneens erg belangrijk. Het kan de jeugdige helpen om problemen te overwinnen. Een positieve relatie met de leerkracht werkt als een buffer tegen stress en eenzaamheid.

9.5.4 Het cumulatieve effect

Als jeugdigen van verschillende kanten (ouders, vrienden, leerkracht) gelijktijdig steun krijgen, versterkt dat het positieve effect van steun op hun functioneren, zowel in sociaal als emotioneel opzicht. Hier spreekt men ook wel van een cumulatief effect. In een follow-uponderzoek met drie meetgolven onder jeugdigen, ouders en leerkrachten laten Cavanaugh en Buehler (2015) dit cumulatieve effect duidelijk zien.

Het effect van de steun van het sociale netwerk wordt nog groter als er niet alleen vanuit meerdere bronnen tegelijkertijd steun komt, maar als het netwerk daarbij personen telt die op verschillende terrein steun kunnen verlenen.

9.6 Tot slot

Ik sluit dit hoofdstuk af met drie korte opmerkingen:
1. Eenzame jeugdigen missen veel als zij geen of een beperkt sociaal netwerk hebben.
2. Het ontbreken van een sociaal netwerk is wel een belangrijke, maar niet de enige factor in de verklaring voor de eenzaamheid van jeugdigen.
3. Om zicht te krijgen op het sociale netwerk van jeugdigen zijn diverse tests ontworpen. Een voorbeeld is te vinden in bijlage 5.

Literatuur

Buysse, W. H. (1997). *Personal Social Networks and Behavior Problems in Adolescence*. Leiden: Dissertatie.
Caplan, G. (1974). *Support systems and community mental health*. New-York: Behavioral Publication.
Cavanaugh, A. M., & Buehler, C. (2015). Adolescent loneliness and anxiety. The role of multiple sources of support. *Journal of Social and Personal Relationships, 23*, 149–170.
Ploeg, J. D. van der (2007). *Gedragsproblemen; ontwikkelingen en risico's*. Rotterdam: Lemniscaat.

Het gemis aan sociale en emotionele vaardigheden

10.1	Inleiding – 74	
10.2	Sociale vaardigheden – 74	
10.2.1	Interpersoonlijke vaardigheden – 75	
10.2.2	Intrapersoonlijke vaardigheden – 75	
10.3	Gevolgen van gebrekkige sociale vaardigheden – 76	
10.4	Emotionele vaardigheden – 77	
10.5	Gevolgen van een tekort aan emotionele vaardigheden – 77	
10.6	Emotionele intelligentie – 78	
10.7	De basisvaardigheden in een notendop – 78	
	Literatuur – 79	

© Bohn Stafleu van Loghum, onderdeel van Springer Media B.V. 2018
J. van der Ploeg, *Eenzaamheid bij jeugdigen*, DOI 10.1007/978-90-368-1953-4_10

> **Intro**
>
> » Er zijn twee typen eenzame jeugdigen: de sociaal onhandigen en de doemdenkers. De sociaal onhandigen missen de vaardigheden om bevredigende vriendschappen te sluiten. De doemdenkers bezitten die wel, maar hun eenzaamheid is het gevolg van hun 'zwarte bril'. Ze hebben wel vrienden, maar vinden die vriendschappen van lage kwaliteit, terwijl hun beste vrienden dat niet zo zien.
>
> *Lodder (2016) Dissertatie Radboud Universiteit Nijmegen.*

10.1 Inleiding

Of het gebrek aan sociale en emotionele vaardigheden de oorzaak is van de eenzaamheid, of dat het meer een gevolg is van het lange tijd in eenzaamheid verkeren, is niet altijd even duidelijk. Wel laat onderzoek zien dat eenzaamheid en een gebrek aan vaardigheden vaak hand in hand gaan en dat er een wisselwerking is. Jeugdigen die zich onhandig of onmogelijk gedragen in het sociale verkeer, kunnen eenzaam worden. Omgekeerd kan eenzaamheid ook tot gevolg hebben dat er bij jeugdigen weinig of niets terechtkomt van de ontwikkeling van de nodige vaardigheden.

Wat nu gevolg is en wat oorzaak, vaststaat dat eenzame jeugdigen zich in de omgang met anderen weinig aangepast gedragen. Het ontbreekt hen aan het benodigde gereedschap om flexibel door het leven te gaan. Hoewel het ook voorkomt dat eenzame jeugdigen wel degelijk *weten* hoe zij zich moeten gedragen, maar dat in de praktijk niet durven of kunnen toepassen.

Kort geformuleerd gaat het bij sociale en emotionele vaardigheden om vaardigheden die nodig zijn om op een positieve manier met elkaar om te gaan, vrienden te maken, samen te werken, problemen met elkaar op te lossen en samen plannen te maken. Tot die vaardigheden behoort het ook om het gedrag van anderen te begrijpen, aan te voelen wat een ander beweegt en je in te kunnen leven in de situatie van een ander.

In dit hoofdstuk ga ik dieper in op de basisvaardigheden die jeugdigen nodig hebben om zich in het leven te ontplooien en te handhaven. De basisvaardigheden vallen uiteen in twee grote categorieën: sociale en emotionele vaardigheden. De eerste categorie verwijst naar vaardigheden die nodig zijn om goed met anderen om te kunnen gaan en relaties op te bouwen, terwijl de tweede categorie betrekking heeft op vaardigheden om anderen te begrijpen en situaties goed aan te voelen en te doorzien. Beide categorieën zijn niet strikt te scheiden en overlappen elkaar gedeeltelijk.

10.2 Sociale vaardigheden

Er is veel onderzoek gedaan naar de vraag welke vaardigheden jeugdigen nodig hebben om in sociaal opzicht goed te kunnen functioneren. Dat heeft een breed scala aan gedragingen opgeleverd. Ik geef hier enkele veel genoemde vaardigheden:

- met de ander overleggen (samenwerken, luisteren, helpen);
- met tegenslagen omgaan (niet meteen op tilt slaan);
- eigen gedrag controleren (nadenken alvorens te handelen);

- problemen oplossen (botsingen niet laten escaleren);
- regels respecteren (je houden aan afspraken).

Met deze sociale vaardigheden word je niet geboren. Je ontwikkelt ze op weg van kind naar volwassene. Het is een leerproces dat zich stap voor stap voltrekt. Onder het toeziend oog van de ouders maken kinderen zich spelenderwijs allerlei sociale vaardigheden eigen. Dat worden er na verloop van tijd steeds meer en de vaardigheden worden ook meer omvattend. Eerst leert het kind samen te spelen met andere kinderen en later ontwikkelt het de vaardigheid om conflicten te voorkomen of op te lossen. Zo maakt elke jeugdige zich uiteindelijk een groot arsenaal aan vaardigheden eigen en integreert die tot één geheel.

Bij eenzame jeugdigen zijn deze vaardigheden niet of onvoldoende tot ontwikkeling gekomen.

Dankzij een representatief onderzoek onder Nederlandse jeugdigen van 9 tot 19 jaar van Van der Ploeg en Scholte (2013) is het mogelijk om de sociale basisvaardigheden te herleiden tot de volgende twee hoofdcategorieën: interpersoonlijke en intrapersoonlijke basisvaardigheden met elk twee subdimensies.

10.2.1 Interpersoonlijke vaardigheden

Deze categorie verwijst naar twee basisvaardigheden die nodig zijn om goed te kunnen omgaan met personen en situaties.

Relationele vaardigheden

Het betreft hier de vaardigheid om relaties aan te gaan en op te bouwen met leeftijdgenoten en volwassenen. Het betreft gedragingen als contact maken, met elkaar van gedachten wisselen, met elkaar communiceren en conflicten oplossen.

Jeugdigen bij wie deze vaardigheden ontbreken, raken in problemen en lopen een groot risico in een isolement terecht te komen dat kan leiden tot eenzaamheid (Fine et al. 2004)

Situationele vaardigheden

De kern van deze vaardigheden is dat je situaties goed kunt doorzien. Dat houdt in gevoelens van anderen aanvoelen en begrijpen, je kunnen verplaatsen in de situatie van anderen en rekening houden met anderen. Situationeel vaardige jeugdigen zullen hun gedrag afstemmen op dat van anderen.

Jeugdigen bij wie deze vaardigheden ontbreken, komen herhaaldelijk in botsing met vooral leeftijdgenoten. Het gevolg kan zijn dat deze jeugdigen zich terugtrekken of er juist agressief ingaan. In beide gevallen zullen deze jeugdigen weinig waardering van anderen krijgen met alle risico's van dien. Een van die risico's is eenzaamheid.

10.2.2 Intrapersoonlijke vaardigheden

Om sociaal goed te kunnen functioneren zijn niet alleen relationele en situationele vaardigheden vereist, maar ook vaardigheden om de eigen mogelijkheden te ontwikkelen. De kunst is om in het sociale verkeer het eigen belang niet te laten domineren, maar ook niet te laten ondersneeuwen. Het gaat om een evenwicht tussen beide belangen, opdat de eigen ontwikkeling niet overheerst, maar ook niet wordt verwaarloosd.

Zelfbewustzijn

Deze vaardigheden zorgen ervoor dat er rust en gelijkmatigheid in de omgang met anderen tot stand komt. Jeugdigen met deze vaardigheden denken na alvorens iets te doen of te laten. Meningsverschillen laten zij niet uitmonden in een conflict. Ze staan open voor commentaar en reageren bij kritiek kalm zonder zich aangevallen te voelen en agressief te worden.

Jeugdigen met een tekort aan zelfbewustzijnsvaardigheden hebben vaak een verkeerd beeld van anderen en van zichzelf. Zij schatten onjuist in hoe anderen over hen denken en botsen daardoor snel met hen. Dit kan leiden tot een verwijdering ten opzichte van de ander en daarmee tot afwijzing (Morin 2011).

Zelfsturing

Deze vaardigheden verwijzen naar het vermogen om richting te geven aan en controle te houden over het eigen leven. Dat uit zich in gedragingen waaruit blijkt dat jeugdigen zich kunnen richten op bepaalde doelen, hun vrije tijd zinvol kunnen invullen en in hun leven een zekere orde en regelmaat kunnen aanbrengen.

Wie de controle kwijtraakt over zijn gedachten en gedragingen, komt in problemen. Deze jeugdigen raken teleurgesteld in zichzelf en lopen kans depressief en angstig te worden (Mezo en Short 2012).

10.3 Gevolgen van gebrekkige sociale vaardigheden

Wat betekent het voor jeugdigen als zij hun sociale vaardigheden onvoldoende hebben ontwikkeld?

Het gevolg is dat zij zich in het sociale verkeer niet weten aan te passen en uit de toon vallen. Dat gaat heel vaak gepaard met problemen die uiteen kunnen lopen van angst tot agressie en van alcoholverslaving tot delinquentie. Deze jeugdigen:
- hebben minder vrienden;
- worden minder geaccepteerd;
- zijn minder populair;
- voelen zich vaker eenzaam.

Zonder de nodige sociale basisvaardigheden dreigt vooral het gevaar dat jeugdigen geen aansluiting vinden bij hun leeftijdgenoten, waardoor zij alleen komen te staan. Dat kan leiden tot eenzaamheid. In onderzoek is dat verband meermalen vastgesteld (Wols et al. 2015). Het blijkt dat jeugdigen die zich bewust zijn van hun gebrekkige sociale vaardigheden zich eenzamer voelen dan jeugdigen die niet in de gaten hebben dat zij op dat punt tekortschieten (Lodder 2016).

Het gebrek aan sociale vaardigheden is niet een-twee-drie te herstellen. Integendeel: het is een hardnekkig probleem. Het blijkt dat kinderen die in groep één van de basisschool over gebrekkige sociale vaardigheden beschikken, daar enkele jaren later nog altijd last van hebben. Zij botsen ook dan nog met hun leeftijdgenoten, bevinden zich nog steeds in een isolement en zijn nog steeds agressief of angstig.

Het gebrek aan sociale vaardigheden gaat met het ouder worden niet vanzelf voorbij. Zelfs met professionele hulp is een tekort aan sociale vaardigheden niet zo gemakkelijk te verhelpen. Een sociale-vaardigheidstraining lost het probleem niet direct op. We komen daar in ▶H. 17 op terug.

10.4 Emotionele vaardigheden

Deze vaardigheden hebben betrekking op de emotionele kanten van de omgang met anderen. Gedragingen gaan altijd gepaard met emoties. Soms zijn die duidelijk zichtbaar, soms ook niet. Om goede onderlinge verhoudingen te ontwikkelen is het belangrijk ook de emoties op te merken die achter het uiterlijke gedrag schuilgaan. Jeugdigen met onvoldoende emotionele vaardigheden hebben geen oog voor de gevoelens van anderen. Zij hebben niet in de gaten dat emoties een belangrijke rol kunnen spelen in allerlei situaties.

Om goed te kunnen functioneren is het niet alleen van belang om de emoties in het sociale verkeer te onderkennen en herkennen, maar ook om de eigen emoties onder controle te hebben en te kunnen reguleren.

Scholte en Van der Ploeg (2015) kwamen in hun onderzoek bij een representatieve steekproef van de Nederlandse jeugd van 9 tot 19 tot de bevinding dat de emotionele vaardigheden zijn te herleiden tot drie basisvaardigheden:

1. *Emoties onderkennen*
   Deze vaardigheid verwijst naar het onderkennen en begrijpen van eigen en andermans emoties. Daar hoort ook bij de vaardigheid om op een adequate manier uiting te geven aan de eigen emoties en oog te hebben voor wat achter het gedrag van anderen schuilgaat. Dat betekent onder meer in staat zijn om ook non-verbale signalen zoals gezichtsuitdrukkingen, gebaren en houdingen goed waar te nemen.
2. *Emoties reguleren*
   Kenmerkend is hier de vaardigheid om de eigen emoties te reguleren en te doseren. In de omgang met anderen is het een vereiste dat jeugdigen hun emoties in bedwang hebben en voorkomen dat hun emoties met hen aan de haal gaan. Het vereist de nodige zelfbeheersing en vaardigheid om meester te blijven over de eigen impulsen en aandriften.
3. *Emoties toepassen*
   Onder deze noemer valt de vaardigheid om de eigen emoties actief en positief te gebruiken in de omgang met anderen. Dat betekent bijvoorbeeld dat er bij het oplossen van problemen ook oog bestaat voor de emotionele kanten van het probleem. Jeugdigen met deze vaardigheden zullen op gepaste wijze ook hun eigen emoties mee laten spelen bij het oplossen van conflicten en het omgaan met lastige situaties. Deze jeugdigen durven verantwoordelijkheid te nemen en nieuwe initiatieven te ontplooien.

10.5 Gevolgen van een tekort aan emotionele vaardigheden

Zoals valt te verwachten bestaat er een duidelijk verband tussen onvoldoende emotionele vaardigheden en eenzaamheid. Vooral het onvoldoende reguleren en onderkennen van emoties hangt sterk samen met eenzaamheid. Jeugdigen met een tekort aan emotionele vaardigheden geven echter ook andere problemen te zien. Zo scoren zij op alle vijf persoonlijkheidskenmerken van de persoonlijkheidsvragenlijst de *big five* negatief. Zij zijn minder sociaal, minder zorgvuldig, minder stabiel, minder open en minder extravert.

Ook op het relationele vlak zijn er problemen. Door hun gebrekkige emotionele vaardigheden hebben deze jeugdigen ook minder positieve relaties met leeftijdgenoten en worden ze door anderen als minder sympathiek ervaren.

Verder doen jeugdigen met gebrekkige emotionele vaardigheden het slecht op school. Ze vertonen meer gedragsproblemen, worden vaker van school gestuurd en leveren minder goede leerprestaties.

10.6 Emotionele intelligentie

In de literatuur komt naast het begrip emotionele vaardigheid ook het concept emotionele intelligentie voor. Er is veel overlap tussen beide begrippen. Er zijn echter ook verschillen. Emotionele intelligentie wordt vooral gezien als een aspect van de intelligentie in het algemeen – zeg maar van het IQ – om daarmee aan te geven dat intelligentie niet alleen een kwestie is van cognitie, maar ook van emotie. Onderzoekers van de emotionele intelligentie stellen dat dit aspect van de intelligentie minstens zo belangrijk is als de cognitieve intelligentie. Scholte en Van der Ploeg (2015) geven aan dat zonder voldoende emotionele intelligentie het rendement van het IQ beperkt zal blijven. Een jongen of meisje met een hoog IQ zal daarvan alleen optimaal profijt kunnen trekken als er ook sprake is van voldoende emotionele intelligentie.

In de praktijk ontlopen de beide begrippen emotionele intelligentie en emotionele vaardigheden elkaar niet veel. Daarom is het zinvol ook te bezien wat onderzoek naar emotionele intelligentie en eenzaamheid heeft opgeleverd. Daaruit blijkt dat een gebrekkige emotionele intelligentie de kans op eenzaamheid sterk vergroot (Lopes et al. 2004; Cacioppo en Hawkley 2009). Verder blijkt dat emotionele intelligentie – evenals het IQ – in de loop der jaren weinig tot niet verandert. Met het verstrijken van de tijd zal daarom een gebrekkige emotionele intelligentie een negatieve invloed blijven uitoefenen op het functioneren van jeugdigen. Het zal de eenzaamheid versterken.

In een gezamenlijk onderzoek van wetenschappers van de Radboud Universiteit Nijmegen en van de Universiteit van Lancashire is dat opnieuw bevestigd (Wols et al. 2015). Binnen een onderzoeksgroep van adolescenten blijkt dat er een evidente samenhang bestaat tussen onvoldoende emotionele intelligentie en eenzaamheid. Na verloop van tijd blijkt de eenzaamheid eerder toe dan af te nemen. Er is sprake van een duidelijke wisselwerking waarbij eenzaamheid en een gebrek aan emotionele intelligentie elkaar versterken.

10.7 De basisvaardigheden in een notendop

Tot slot volgen hier nogmaals de sociaal-emotionele basisvaardigheden met telkens drie voorbeelden van gedragingen.
1. Relationele vaardigheden:
   - actief contact zoeken met leeftijdgenoten;
   - zorgen voor een goede verstandhouding met anderen;
   - overweg kunnen met verschillende soorten mensen.
2. Situationele vaardigheden:
   - gedrag afstemmen op de omgeving;
   - weten wat wel en niet kan worden gezegd;
   - rekening houden met de wensen van anderen.
3. Zelfbewustzijn:
   - openstaan voor kritiek;
   - rustig en gelijkmatig in de omgang;
   - meningsverschillen niet gauw uit de hand laten lopen.
4. Zelfsturing:
   - orde en regelmaat aanbrengen in het leven;
   - aandacht goed bij een taak/les houden;
   - constante prestaties leveren.

5. Emoties onderkennen:
   - herkennen van eigen en andermans gevoelens;
   - snel door hebben hoe anderen zich voelen;
   - situaties snel doorzien.
6. Emoties reguleren:
   - eigen gevoelens onder controle houden;
   - niet overtrokken reageren op tegenslagen;
   - zich niet snel aan anderen ergeren.
7. Emoties toepassen:
   - graag contact leggen met nieuwe personen;
   - ondernemend zijn en actief deelnemen aan activiteiten en discussies;
   - lastige problemen op creatieve wijze oplossen.

Literatuur

Cacioppo, J. T., & Hawkley, L. (2009). Perceived social isolation and cognition. *Trends in Cognitive Sciences, 13,* 447–454.

Fine, S. E., Trentacosta, C. J., Izard, C. E., Mostow, A. J., & Campbell, J. L. (2004). Anger perception, caregivers use of physical discipline, and aggression in children of risk. *Social Development, 13,* 213–228.

Lodder, G. M. A. (2016). *Social perception and loneliness in adolescence.* Nijmegen: Radboud Universiteit.

Lopes, P. N., Bracket, M. A., Nezlek, J. B., Schutz, A., Sellinn, I., & Salovey, P. (2004). Emotional intelligence and social interaction. *Personality ans Social Psychology Bulletin, 30,* 1018–1034.

Mezo, P. G., & Short, M. M. (2012). Construct validity and confirmatory factor analysis of the self-control and self-management scale. *Canadian Journal of Behavioural Science, 44,* 1–8.

Morin, A. (2011). Self-awareness. *Social and Personality Psychology. Compass, 5,* 807–823.

Ploeg, J. D. van der, & Scholte, E. M. (2013). *Handleiding Vragenlijst Psychosociale Vaardigheden (VPV).* Houten: Bohn Stafleu van Loghum.

Scholte, E. M., & Ploeg, J. D. van der (2015). *Hanleiding Vragenlijst Emotionele Intelligentie Quotiënt (EIQ).* Houten: Bohn Stafleu van Loghum.

Wols, A., Scholte, R. H. J., & Qualter, P. (2015). Prospective associations between loneliness and emotional intelligence. *Journal of Adolescence, 39,* 40–48.

Het trio eenzaamheid, depressie en angst

11.1 Inleiding – 82

11.2 Enkele cijfers – 82
11.2.1 Depressie – 82
11.2.2 Angst – 82

11.3 Depressieve jeugdigen – 83

11.4 Jeugdigen met angststoornissen – 84

11.5 Samenhang tussen eenzaamheid, angst en depressie – 84

11.6 Delinquentie en eenzaamheid – 86

Literatuur – 87

© Bohn Stafleu van Loghum, onderdeel van Springer Media B.V. 2018
J. van der Ploeg, *Eenzaamheid bij jeugdigen*, DOI 10.1007/978-90-368-1953-4_11

> **Eenzaam en depressief**
>
> » Ik ben heel eenzaam en heb ook erg last van depressieve gevoelens, waardoor het moeilijk voor mij is om normaal te functioneren. Het is ook een vicieuze cirkel. Als je eenzaam bent, dan voel je je depressief en omdat je je depressief voelt, kom je ook minder makkelijk uit je eenzaamheid. Ik schaam me ook wel voor dit gevoel. Hoe kom ik hier uit?
>
> *Boris, 17 jaar, op internetsite Forum Eenzaamheid (2013)*

11.1 Inleiding

Eenzaamheid is in verband gebracht met veel verschillende problemen. Het verband tussen depressie en angst wordt daarbij het vaakst genoemd. Dat ligt voor de hand omdat eenzame mensen vaak diep in de put zitten en bang zijn voor wat is en wat gaat komen. Er is veel onderzoek gedaan naar de samenhang tussen depressie, angst en eenzaamheid. Hoe ziet dat onderlinge verband eruit? Is eenzaamheid een gevolg van depressie of is eenzaamheid de oorzaak van depressie? De vraag naar de onderlinge samenhang kan ook gesteld worden bij de begrippen eenzaamheid en angst. En om het nog ingewikkelder te maken is er ook een onmiskenbaar verband tussen angst en depressie.

In dit hoofdstuk wordt duidelijk hoe eenzaamheid, angst en depressie met elkaar zijn verbonden. Ik schets eerst een beeld van depressieve en angstige jeugdigen.

11.2 Enkele cijfers

11.2.1 Depressie

Onderzoek van het CBS (2013) geeft aan dat 14 % van de jeugdigen van 12–24 jaar het afgelopen jaar last heeft gehad van depressieve klachten. Voor jongens was dat 8 % en voor meisjes 18 %. Dat komt neer op ongeveer 350.000 jeugdigen. Het gaat hier vooral om jeugdigen die zich wel eens depressief hebben gevoeld. Het aantal jeugdigen dat zich aanhoudend erg depressief voelt, bedraagt 37.000. Dat beeld is de laatste jaren niet gewijzigd.

Wel is het gebruik van antidepressiva onder jeugdigen sterk toegenomen. Dat is de laatste tien jaar met 40 % gestegen. Volgens de Stichting Farmaceutische Kengetallen (2016) gebruiken 17.000 jongeren antidepressiva. Deze ontwikkeling baart zorgen en lijkt erop te wijzen dat depressie onder jeugdigen de komende jaren zal toenemen.

11.2.2 Angst

Angst komt voor in veel verschillende vormen. Zo is er angst in het algemeen, sociale angst, separatieangst en bestaan er fobieën. Als er cijfers worden gepresenteerd, is het niet altijd duidelijk om welke vormen van angst het gaat. Om die reden is het moeilijk precieze aantallen te geven.

Een representatief onderzoek van Scholte en Van der Ploeg (2006) onder de Nederlandse jeugd laat zien dat 15 % last heeft van angstig en stemmingsverstoord gedrag. Voor 4 % van de jeugdigen is het een groot probleem, terwijl dat voor 11 % minder het geval is. Onder de noemer van angstig en stemmingsverstoord gedrag vallen algemene angst, sociale angst en fobieën.

Volgens de laatste gegevens van het Nederlands Jeugdinstituut (NJi) heeft 10% van de Nederlandse jeugd van 13 tot en met 18 jaar het afgelopen half jaar een angststoornis gehad. Dat komt neer op ongeveer 114.000 jeugdigen. De meest voorkomende angststoornissen zijn de sociale fobieën.

Uit internationale studies komen vergelijkbare percentages naar voren evenals uit de cijfers van het CBS.

11.3 Depressieve jeugdigen

Depressiviteit bij jeugdigen werd vroeger niet onderkend. Kinderen konden immers geen last hebben van depressie. Inmiddels weten we wel beter: ook bij kinderen en jongeren komt depressie voor en zelfs meer dan men geneigd is te denken. Zo werd enkele jaren geleden de noodklok geluid op een congres georganiseerd door wetenschappers van de Radboud Universiteit. Daar werd gesteld dat depressie onder jongeren een verborgen leed is. Er zou sprake zijn van een alarmerende situatie.

Waar moeten we aan denken als het over depressie gaat? In het algemeen bestaat depressie uit gevoelens van verdriet, neerslachtigheid en ongelukkig zijn. Meer in detail gaat het om de volgende gevoelens:
- sombere stemming gedurende het grootste deel van de dag;
- weinig eetlust en gewichtsverlies, of juist het tegendeel;
- slapeloosheid;
- psychomotorische opwinding of juist apathie;
- verlies van interesse in gewone dingen;
- weinig energie of vermoeidheid;
- gevoelens van waardeloosheid;
- verminderd concentratievermogen;
- steeds terugkerende gedachten aan dood en suïcide.

Depressies zijn te onderscheiden in chronische en acute depressies. In het eerste geval gaat het om een aanhoudende of telkens terugkerende vorm van depressie, terwijl het in het tweede geval gaat om een depressie die optreedt na een acute, zeer ingrijpende gebeurtenis, zoals het overlijden van een geliefd persoon. Deze laatste vorm is doorgaans van korte duur. Chronische depressies komen veel minder voor dan incidentele depressies.

Depressie en eenzaamheid liggen dicht bij elkaar. Als ik kijk naar de gevoelens die met depressie gepaard gaan, dan valt op dat er veel overlap is. Toch gaat het om twee verschillende problemen. Een belangrijk onderscheid is dat eenzaamheid gepaard gaat met een negatieve kijk op de relaties met anderen (anderen zijn niet te vertrouwen, aan anderen heb je niks), terwijl depressie verwijst naar hoe iemand zich voelt (ik ben een waardeloos iemand, ik voel me ongelukkig).

11.4 Jeugdigen met angststoornissen

Er bestaan allerlei vormen van angst. We noemen hier de belangrijkste angsten.

Een veel voorkomende vorm is de algemene angst. Die verwijst naar angst die niet is gerelateerd aan een bepaalde situatie, persoon of object. Bij deze vorm van angst is men eigenlijk aanhoudend bang, men maakt zich snel zorgen, piekert veel en voelt zich gevangene van de eigen angsten.

Naast deze onberedeneerbare angst bestaat er ook de *sociale angst*. De kern van deze angstvorm is angst voor (nieuwe) sociale situaties. Sociaal angstige jeugdigen mijden het contact met anderen omdat ze bang zijn negatief te worden beoordeeld, te worden bekritiseerd of te worden afgewezen.

Verder kan angst zich uiten in *paniekaanvallen*, waarbij jeugdigen ineens overvallen worden door een hevige angst om dood te gaan, gek te worden of de controle over zichzelf te verliezen.

Onder de noemer angst vallen ook *fobieën*. Het gaat hierbij om een extreme angst voor bepaalde situaties, zoals hoogtevrees, vliegangst en claustrofobie.

Tenslotte wijs ik nog op de *separatieangst* waarbij er grote angst bestaat om in de steek te worden gelaten.

De verschillende typen angst kunnen zich uiten in symptomen als:
- slapeloosheid;
- extreme angst voor bepaalde situaties of objecten;
- bang om contact te maken met anderen;
- angst om in afgesloten ruimtes te verkeren;
- rusteloosheid;
- gespannenheid;
- paniekaanvallen;
- acute stressverschijnselen;
- tekenen van posttraumatische stress.

Angst en eenzaamheid lijken moeilijk van elkaar te scheiden. Ze overlappen elkaar als het gaat om de emotionele kanten. Maar waar angst sterk innerlijk is gericht, is bij eenzaamheid vooral oog voor (het ontbreken van) de relaties met anderen.

11.5 Samenhang tussen eenzaamheid, angst en depressie

Wetenschappelijk onderzoek heeft herhaaldelijk aangetoond dat er tussen deze drie problemen een evidente samenhang bestaat. De kans is groot dat een jeugdige die eenzaam is, ook depressief en ook angstig is. Hoe eenzamer de jeugdige is, hoe depressiever en hoe angstiger. Hier dienen zich enkele vragen aan:
- Word je eenzaam omdat je depressief of angstig bent, of ben je depressief en angstig omdat je eenzaam bent? Wat gaat vooraf aan wat?
- Wat is de rol die eenzaamheid, angst en depressie ten opzichte van elkaar vervullen? Welke mechanismen zijn hier werkzaam?

11.5 · Samenhang tussen eenzaamheid, angst en depressie

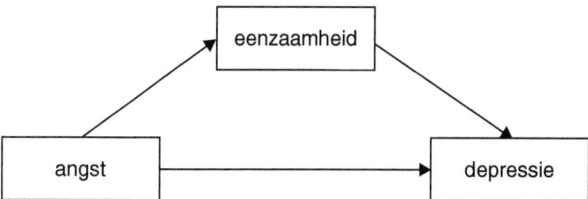

Figuur 11.1 Samenhang tussen eenzaamheid, angst en depressie

Een antwoord op deze vragen is belangrijk, want als depressie of angst de oorzaak is van de eenzaamheid, zal de interventie bij eenzame jeugdigen zich primair richten op de depressie of de angsten. Maar als de eenzaamheid vooraf gaat aan de depressie en/of de angst, zal de hulpverlening zich in eerste instantie richten op het opheffen van de eenzaamheid.

Dankzij onderzoeken is de onderlinge samenhang steeds duidelijker geworden. Voor de laatste stand van zaken refereer ik aan het grootschalige onderzoek van een groep internationale wetenschappers (Ebesutani et al. 2015). Zij betrokken meer dan 10.000 leerlingen van de basisschool en het voortgezet onderwijs in hun onderzoek. Uiteindelijk kwamen zij tot de volgende conclusie:

- Angst (en dan met name sociale angst) gaat vooraf aan eenzaamheid.
- Depressie is vaker een gevolg van eenzaamheid.

In lijn met deze onderzoeksresultaten kwam ook een groep Amerikaanse en Australische wetenschappers tot de conclusie dat eenzaamheid een belangrijke voorspeller is van depressie en dat eenzaamheid eerder een gevolg is van sociale angst (Lim et al. 2016). Ook Chang et al. (2015) vonden dat eenzaamheid een belangrijke verklarende factor is voor depressie.

Beide laatst genoemde onderzoeken vonden weliswaar plaats onder volwassenen, maar ondersteunen wel de onderzoeksresultaten die onder jeugdigen werden verkregen.

De samenhang tussen eenzaamheid, depressie en angst is in fig. 11.1 schematisch in beeld gebracht.

Naar aanleiding van het schema (fig. 11.1) nog enkele opmerkingen:

- Het blijkt dat de angst onder jeugdigen vooral sociale angst is. Sociaal angstige jeugdigen zijn verlegen en komen niet genoeg voor zichzelf op. Zij laten zich gemakkelijk in een hoek drukken. Het liefst zonderen zij zich af en spelen zij alleen. Het probleem met deze jeugdigen is dat zij, doordat ze anderen ontlopen, steeds mee in een isolement terechtkomen. Het gevaar dreigt dat de drempel om met anderen in contact te komen steeds hoger wordt en zij steeds meer vereenzamen. Dat leidt ertoe dat de ontwikkeling van hun sociale vaardigheden achterblijft en dat heeft weer negatieve gevolgen voor hun functioneren.
- Angst gaat niet alleen vooraf aan eenzaamheid maar ook aan depressie. Angst brengt een gemoedstoestand met zich mee die niet alleen depressie in de hand werkt, maar die tevens veel negatieve effecten heeft op de ontwikkeling van jeugdigen.
- Weliswaar is er meer inzicht verkregen in de samenhang tussen eenzaamheid, angst en depressie, maar in de praktijk is die samenhang niet eenvoudig te ontrafelen. Eenzame jeugdigen zijn vaak angstig en depressief en die onderlinge verbanden blijven elkaar versterken.

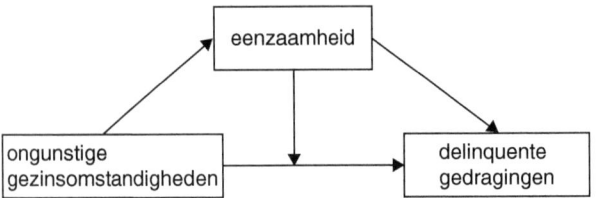

Figuur 11.2 Samenhang tussen eenzaamheid, ongunstige gezinsomstandigheden en delinquente gedragingen

- Of eenzaamheid leidt tot het ontstaan van depressie hangt ook af van hoe de jeugdige omgaat met zijn eenzaamheid. Het zijn vooral eenzame jeugdigen die hun problemen ontkennen en/of minimaliseren bij wie de depressie toeslaat. Zij neigen ertoe passief om te gaan met hun gevoelens van eenzaamheid en voelen zich niet bij machte iets aan de situatie te veranderen.
- Voor zover eenzaamheid een oorzaak is van depressie, dan blijkt depressie bij jeugdigen vooral te worden veroorzaakt door het gebrek aan relaties met leeftijdgenoten. *Loneliness proved to be the gateway through which the peer variables impacted depressed mood* (Nangle 2003).

11.6 Delinquentie en eenzaamheid

Bij eenzame jeugdigen is men vooral geneigd te denken aan angstige en depressieve jeugdigen. Onderzoek laat echter zien dat er onder delinquente en antisociale jeugdigen ook eenzaamheid voorkomt, meer dan onder jeugdigen uit controlegroepen (Martens en Palermo 2005).

Het verband tussen eenzaamheid enerzijds en delinquentie en antisociaal gedrag anderzijds, is niet rechtstreeks. Eenzaamheid speelt hier een mediërende rol. Het zijn vooral ongunstige gezinsomstandigheden die tot antisociale gedragingen leiden, maar die ook eenzaamheid kunnen veroorzaken. In dat geval kan eenzaamheid het effect van de ongunstige gezinsomstandigheden op het ontstaan van delinquente gedragingen versterken.

Er zijn in theorie twee groepen jeugdigen te onderscheiden bij wie de kans op het ontwikkelen van gevoelens van eenzaamheid groot is. In werkelijkheid bestaat er veel overlap tussen beide groepen.

Ten eerste wijs ik op jeugdigen die het slachtoffer zijn van kindermishandeling zoals seksueel misbruik en fysieke mishandeling. Maar ook affectieve verwaarlozing en psychische mishandeling zijn vormen van kindermishandeling. Deze slachtoffers hebben meer kans dan hun niet-mishandelde leeftijdgenoten om zich eenzaam te gaan voelen.

Ten tweede is er een categorie jeugdigen te onderscheiden die opgroeit in gezinnen waar de ouders zich koud en ongevoelig gedragen jegens hun kinderen. Ook in gezinnen waarbinnen de ouders geen enkele affectie tonen en/of zich zeer autoritair gedragen, lopen de kinderen het risico om eenzaam te worden. De verklaring voor het ontstaan van eenzaamheid wordt gezocht in het gebrek aan sociale en affectieve support van de ouders. De jeugdigen staan er alleen voor en leren niet hoe ze op een aanvaardbare manier met anderen moeten omgaan. Zij ontwikkelen tevens een laag zelfbeeld, negatieve verwachtingen ten aanzien van hun toekomst en onverschilligheid. Dat kan somberheid en depressie tot gevolg hebben, maar het kan ook leiden tot agressie tegen de ouders en leeftijdgenoten (Pelaez-Merrick 2008).

In dit verband wijs ik op het bestaan van delinquente jeugdigen met een gemaskeerde depressie. Deze jeugdigen ontkennen hun depressieve stemming en maskeren dat met bravoure en uitdagend gedrag dat kan uitgroeien tot delinquent gedrag.

Tussen eenzaamheid en antisociaal gedrag bestaat een indirect verband. Het zijn de ongunstige gezinsomstandigheden die direct tot delinquent gedrag en eenzaamheid kunnen leiden, waarbij eenzaamheid een intermediaire rol vervult, zoals in ◘fig. 11.2 schematisch is weergegeven.

Literatuur

Centraal Bureau voor de Statistiek (2013). *Depressiviteit en antidepressiva in Nederland.* G. Verweij & M. Houben-van Harten. Den Haag: CBS.

Chang, E.C., Muyan, M., & Hirsch, J.K. (2015). Loneliness, positive life events and psychological maladjustment. *Personality and Individual Differences, 86,* 1150–1155.

Ebesutani, C., Fierstein, M., Viana, A.G., Trent, L., Young, J., & Sprung, M. (2015). The role of loneliness in the relationship between anxiety and depression in clinical and school-based youth. *Psychology in the Schools, 52,* 223–233.

Lim, M.H., Rodebaugh, T.L., Zyphur, M.L., & Gleeson, J.F. (2016). Loneliness over time: the crucial role of social anxiety. *Journal of Abnormal Psychology,* 620–630.

Martens, W.H.J., & Palermo, G.B. (2005). Loneliness and associated violent antisocial behavior. *International Journal of Offender Therapy and Comparative Criminology, 49,* 298–307.

Nangle, D.W. (2003). Popularity, friendship quantity and frienship quality: interactive influences on children's loneliness and depression. *Journal of Clinical Child and Adolescent Psychology, 32,* 546–555.

Pelaez-Merrick, M.T. (2008). *Pathways from childtreatment to juvenile delinquency.* San Diego UC: Electronic These and Dissertations.

Stichting Farmaceutische Kengetallen (2016). *Data en feiten. Het jaar 2015 in cijfers.* Den Haag: FSK.

Afwijzing, stress en eenzaamheid

12.1 Inleiding – 90

12.2 Wat is stress? – 90
12.2.1 Draaglast – 90
12.2.2 Draagkracht – 91

12.3 Omgaan met stress – 91
12.3.1 Confrontatie – 91
12.3.2 Afweging – 92

12.4 Copingstrategieën – 92

12.5 Indelingen in typen copingstrategieën – 93

12.6 Omgaan met afwijzing – 94

Literatuur – 95

© Bohn Stafleu van Loghum, onderdeel van Springer Media B.V. 2018
J. van der Ploeg, *Eenzaamheid bij jeugdigen*, DOI 10.1007/978-90-368-1953-4_12

12.1 Inleiding

Deelname aan het sociale verkeer is een belangrijke voorwaarde voor een gezonde ontwikkeling. Jeugdigen die dat niet kunnen, durven, willen of mogen, ondervinden daar nadelige gevolgen van.

In dit hoofdstuk gaat het om jeugdigen die wel aan het sociale verkeer willen deelnemen, maar die door anderen aan de kant zijn gezet. Deze jeugdigen mogen niet meedoen en worden afgewezen. Ze zijn niet gewenst en worden vaak gepest (▶par. 13.4).

Meestal zijn het leeftijdgenoten die nadrukkelijk laten merken dat bepaalde jeugdigen er niet bijhoren, maar ook ouders kunnen hun kind afwijzen. Dat is het geval als ouders hun kinderen verwaarlozen, niet waarderen en laten merken dat zij hen liever kwijt dan rijk zijn.

Afgewezen jeugdigen zijn en voelen zich eenzaam. Zij gaan aanhoudend gebukt onder een zware last en zien geen kans zich uit deze benarde positie te bevrijden. Wat dit doet met een jeugdige, hoe hij/zij ermee omgaat, laat zich begrijpen vanuit de stresstheorie. Deze theorie houdt zich bezig met spanningen die kunnen optreden als mensen met moeilijke situaties te maken krijgen. Die situaties kunnen betrekking hebben op het plotselinge verlies van een ouder of een onverwachte ziekenhuisopname. Maar het kunnen ook dagelijks weerkerende, negatieve ervaringen zijn zoals afwijzing door ouders en/of leeftijdgenoten en aanhoudende ruzies tussen ouders.

12.2 Wat is stress?

Stress is de ervaring of beleving dat het evenwicht tussen draaglast en draagkracht verloren dreigt te raken of al verloren is (Ploeg 2007, 2013).

Draaglast heeft betrekking op de *belasting* die uitgaat van een bepaalde gebeurtenis of situatie. Dat kan zijn een scheiding van de ouders, het verlies van vader of moeder, maar ook een verbroken vriendschap of een verhuizing. In dit hoofdstuk gaat het om de draaglast die aanhoudende afwijzing door leeftijdgenoten en/of ouders veroorzaakt.

Draagkracht betekent het *vermogen* om met bedreigende omstandigheden of gebeurtenissen om te gaan. Dat vermogen wordt bepaald door persoonlijkheidskenmerken zoals zelfvertrouwen en veerkracht, en door omgevingsfactoren zoals steun van bepaalde personen.

Als de draaglast te groot wordt of als de draagkracht te klein is, ontstaat een situatie waarin de jeugdige de controle verliest over de situatie en niet langer het hoofd kan bieden aan de stressgevende omstandigheden. Wanneer dat gebeurt, ontstaan er problemen, zoals angst, onzekerheid, depressie en eenzaamheid.

12.2.1 Draaglast

Draaglast wordt in de stressliteratuur ook wel stressbron of stressor genoemd.

Aanvankelijk was de gedachte dat stressbronnen bij iedereen een vergelijkbare reactie teweegbrengen. De impact van een stressor zou voor iedereen gelijk zijn. Vanuit die veronderstelling zijn er overzichten en lijsten verschenen met de meest en minst heftige stressoren. Tot de meest ernstige stressbronnen bij jeugdigen werden gerekend de dood van een ouder, scheiding van de ouders en slachtoffer van mishandeling. Tot de minder stressgevende bronnen behoorden verandering van school en verhuizing.

Later zag men in dat een bepaalde stressor niet bij iedereen tot dezelfde reactie leidt. De een gaat er anders mee om dan de ander. Ook groeide het inzicht dat de bron van stress niet alleen kan bestaan uit een bepaalde ingrijpende gebeurtenis, maar dat dagelijks terugkerende negatieve ervaringen eveneens een belangrijke bron van stress kunnen zijn. Dat is bijvoorbeeld het geval als jeugdigen dagelijks ervaren dat hun ouders een hekel aan hen hebben en/of als zij herhaaldelijk op school worden gepest.

12.2.2 Draagkracht

De draagkracht is het vermogen om weerstand te bieden aan de draaglast. Dat vermogen bestaat uit meer elementen.

In de eerste plaats zijn dat de persoonlijkheidskenmerken. Jeugdigen met positieve kenmerken als veerkracht, optimisme, doorzettingsvermogen, intelligentie en geloof in eigen kunnen, zullen niet snel onder de draaglast bezwijken. Daarentegen zal dat bij jeugdigen met weinig zelfvertrouwen en een laag zelfbeeld eerder het geval zijn.

In de tweede plaats heeft draagkracht betrekking op de fysieke en mentale gesteldheid. Jeugdigen die lichamelijk en geestelijk in een goede conditie verkeren, kunnen beter tegen een stootje dan jeugdigen die zich niet fit voelen en/of snel van slag zijn.

In de derde plaats speelt bij draagkracht ook de omgeving een belangrijke rol. Jeugdigen die opgroeien in een gezinsklimaat waarin men elkaar steunt en oog heeft voor elkaar, kunnen beter met de draaglast omgaan dan jeugdigen uit gezinnen waarin men elkaar niet vertrouwt of dwars zit. Dat geldt ook voor de relaties met leeftijdgenoten. Jeugdigen met positieve relaties staan sterker in hun schoenen en kunnen beter omgaan met uiteenlopende bronnen van stress dan jeugdigen zonder vrienden.

12.3 Omgaan met stress

De vraag is nu: Hoe gaan jeugdigen om met de aanhoudende afwijzing door anderen? Hoe proberen zij zich staande te houden? Dat gebeurt via een belangrijk proces waar stressonderzoekers veel aandacht aan hebben besteed en dat bekend staat als het *inschattingsproces*. Het bestaat uit de stappen *confrontatie, afweging* en *reactie*, die deels onbewust, rationeel en emotioneel worden gezet (Lazarus 1993).

12.3.1 Confrontatie

De eerste fase is die van de confrontatie. Hoe kijkt de jeugdige tegen de situatie aan? Hoe wordt de situatie ervaren? Dat verschilt per jeugdige. Waar de één een situatie als bedreigend ervaart, kan een ander diezelfde situatie als een uitdaging zien. Een scheiding van de ouders bijvoorbeeld kan heel verschillend worden beleefd. De een ziet het als een ramp, terwijl een ander het ervaart als een opluchting.

Zo kan ook de afwijzing door anderen verschillend worden beleefd. De één relativeert het en tilt er niet zo zwaar aan, terwijl een ander zich dagelijks bedreigd voelt.

12.3.2 Afweging

In deze tweede fase komt de vraag aan de orde: Wat kan ik eraan doen? Hoe ga ik met de stressbron om? Het antwoord is in de eerste plaats afhankelijk van de wijze waarop de confrontatie met de stressbron is ervaren: als bedreigend of als uitdagend?

Als de bron van stress niet als bedreigend wordt ervaren, hoeft er ook geen beroep te worden gedaan op de mogelijkheden (draagkracht) waarover de jeugdige beschikt. Gaat het echter wel om een situatie of gebeurtenis die als bedreigend wordt ervaren, dan zal de jeugdige zijn draagkracht moeten aanspreken.

Dat is niet de eerste keer. Tijdens zijn ontwikkeling wordt elke jeugdige geregeld geconfronteerd met moeilijke situaties waarmee hij/zij moet leren omgaan. Dat zijn niet steeds stressgevende situaties, maar wel lastige situaties waarvoor een oplossing moet worden gevonden. Op die manier leert elke jeugdige bepaalde manieren om moeilijke situaties meester te worden. Die kristalliseren zich uit tot zogenaamde copingstrategieën. Dat zijn min of meer vaststaande manieren om met uiteenlopende situaties om te gaan. Zo maakt elke jeugdige zich bepaalde strategieën eigen die afhankelijk van de situatie worden ingezet. Elke jeugdige beschikt op den duur over een (beperkt of ruim) palet van copingstrategieën (▶par. 12.4).

De afweging die nu moet worden gemaakt is: welke strategie te kiezen om de bron van stress de baas te blijven of te worden. Ofwel: waar kiest de jeugdige voor om met bijvoorbeeld de dagelijkse afwijzing om te gaan? Zoals eerder is opgemerkt, is dit niet alleen een rationele maar ook een emotionele afweging, die meer en minder bewust tot stand komt.

Reactie

In de derde fase komt de jeugdige uiteindelijk tot een keuze voor een bepaalde copingstrategie en bepaalt hij/zij hoe om te gaan met de bron van stress. Voor afgewezen jeugdigen betekent dit dat zij ervoor kiezen om op een bepaalde manier om te gaan met de afwijzing.

Het afwegen van de eigen mogelijkheden om met de stressor om te gaan is geen rekensom waarbij de voor- en nadelen van bepaalde oplossingen tegen elkaar worden weggestreept. Het is een grotendeels onbewust proces, dat zich niet alleen op cognitief niveau (denken) maar ook op emotioneel niveau (voelen) voltrekt. Het kan zich meer en minder rationeel voltrekken, meer en minder impulsief verlopen, meer en minder intuïtief zijn enzovoort.

12.4 Copingstrategieën

De Engelse term *coping* is moeilijk met één woord in het Nederlands te vertalen en is inmiddels zo ingeburgerd dat er geen vertalingen worden gebruikt. Pedagogen en psychologen weten niet beter.

Het woord 'copingstrategie' roept associaties op met een uitgekiende en doordachte wijze van handelen, maar dat is niet het geval. In de vorige paragraaf wees ik er al op dat het gaat om in de loop der tijd steeds verder uitgekristalliseerde manieren van reageren op problematische situaties. Die ontwikkeling voltrekt zich meestal zonder dat de jeugdige zich ervan bewust is. Welke strategieën een jeugdige ontwikkelt, is sterk afhankelijk van zijn of haar opvoeding. Kinderen leren van ouders en leeftijdgenoten hoe om te gaan met uiteenlopende situaties (Perron, Cleverley en Kidd 2014).

Met het ouder worden ontwikkelen kinderen steeds meer verschillende copingstrategieën, die worden ingezet als er problemen opdoemen. Het geheel aan strategieën verschilt echter van jeugdige tot jeugdige. Daarom kunnen jeugdigen, geconfronteerd met moeilijke situaties, heel verschillend reageren. De een reageert meestal rustig en denkt eerst na alvorens iets te doen, terwijl de ander er meestal impulsief op afgaat of de neiging heeft problemen te ontwijken.

De copingstrategieën waarover jeugdigen beschikken, kunnen sterk uiteenlopen en in tal van opzichten van elkaar verschillen:
- meer en minder in aantal;
- meer en minder subtiel;
- meer en minder gedifferentieerd;
- meer en minder flexibel;
- meer en minder productief;
- meer en minder effectief;
- meer en minder actief.

12.5 Indelingen in typen copingstrategieën

Een copingstrategie is succesvol als ze effectief is gebleken in het weerstaan van een bepaalde stressor. Het effect van de copingstrategie is dan dat de jeugdige niet meer angstig of verdrietig is en de situatie meester is. Niet elke strategie is effectief, er zijn ook strategieën die niet blijken te helpen.

Effectieve strategieën zijn bijvoorbeeld:
- gerichte actie ondernemen;
- alternatieven bedenken;
- steun zoeken bij anderen;
- moed houden.

Bij niet-effectieve strategieën valt te denken aan:
- passsief afwachten;
- probleem zien als onoplosbaar;
- ontkennen, ontwijken;
- fatalisme.

Naast het onderscheid in effectieve en niet-effectieve coping, bestaat nog het onderscheid in probleemgerichte en emotiegerichte copingstrategieën. In het eerste geval zijn de strategieën erop gericht de situatie zo mogelijk aan te pakken en onder controle te krijgen en te houden. In het tweede geval zijn de strategieën er vooral op gericht om de emoties de baas te blijven of te worden.

Probleemgerichte strategieën:
- de situatie onderzoeken;
- een plan maken;
- alternatieven bedenken;
- stappen zetten.

Emotiegerichte strategieën:
- de situatie relativeren;
- ontspanning zoeken;
- drinken, roken;
- zich beheersen.

Er zijn meer copingstrategieën te onderscheiden, zoals het probleem passief of actief aanpakken en het probleem ontwijken of onder ogen zien.

Ook kan een strategie wel en niet passen bij een bepaald probleem, meer en minder adequaat zijn, meer en minder relevant.

12.6 Omgaan met afwijzing

Ik keer nu terug naar de vraag hoe het komt dat afwijzing vaak tot eenzaamheid leidt. De voornaamste redenen zijn het gebruik van vooral ineffectieve copingstrategieën, zoals:
- emoties niet onder controle hebben;
- de afwijzing ontlopen door meer te drinken en/of te roken;
- de afwijzing ontkennen of bagatelliseren;
- de afwijzing als onoplosbaar beschouwen;
- passief afwachten op wat komen gaat;
- geen raad vragen bij anderen.

De copingstrategieën staan niet op zichzelf. Zij komen niet zomaar uit de lucht vallen, maar hebben zich tijdens de ontwikkeling gevormd. In die ontwikkeling spelen en speelden de persoon en de omgeving een essentiële rol. En dat blijft zo, ook tijdens het toepassen van de copingstrategieën (Heinrich 2012).

Uit onderzoek blijkt dat de volgende *persoonlijkheidskenmerken* de kans vergroten dat afwijzing tot eenzaamheid voert:
- Jeugdigen die *teruggetrokken* van aard zijn, zullen bij afwijzing zich nog verder terugtrekken.
- Jeugdigen die hun emoties niet in bedwang hebben en zich vaak *agressief* laten gelden, zullen de afwijzing moeilijk verdragen en zich mogelijk nog agressiever opstellen.
- Jeugdigen met *een laag zelfbeeld* krijgen een nog lagere zelfdunk onder de afwijzingen van leeftijdgenoten en/of ouders.
- Afgewezen jeugdigen vertonen vaak een *gebrek aan veerkracht*, waardoor zij snel geneigd zijn hun situatie als onontkoombaar te beschouwen.

Ook bepaalde omgevingskenmerken blijven een rol spelen:
- Het gemis aan vrienden of slechte relaties met leeftijdgenoten vergroot de kans op eenzaamheid en ontneemt de eenzamen ook de kans om raad, advies en steun te vragen.
- Een slechte relatie met de ouders heeft eerst bijgedragen aan het ontstaan van eenzaamheid, maar eenmaal eenzaam is bovendien de weg om bij de ouders aan te kloppen voor hulp afgesloten.

Literatuur

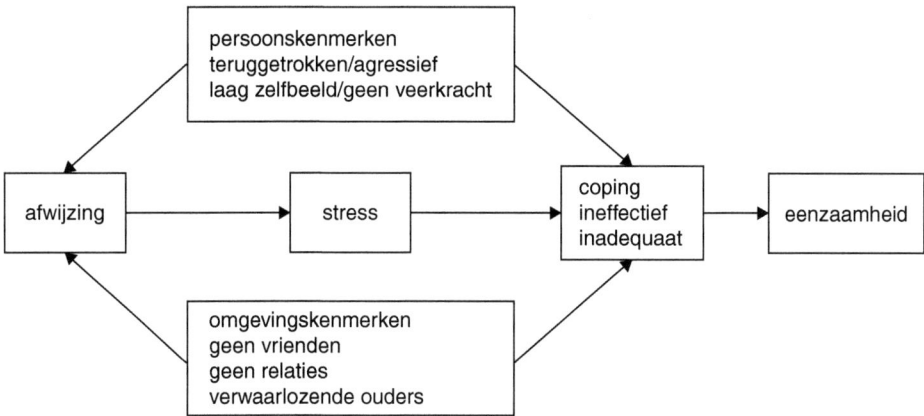

Figuur 12.1 De route van afwijzing naar eenzaamheid

- De klap van de afwijzing komt nog harder aan als jeugdigen zowel door ouders als leeftijdgenoten worden afgewezen.
- Dat afgewezen jeugdigen niet weten hoe lang de afwijzing zal aanhouden, maakt de situatie voor hen nog problematischer, en zo neemt de kans toe dat zij in de eenzaamheid belanden (Mahon et al. 2006).

Het schema (fig. 12.1) laat zien hoe jeugdigen die door hun vrienden en/of ouders worden afgewezen eenzaam kunnen worden. De kans daarop is groot als er sprake is van bepaalde ongunstige persoonskenmerken in combinatie met bepaalde negatieve omgevingskenmerken. Dat leidt tot ineffectieve en inadequate copingstrategieën, waardoor jeugdigen niet kunnen omgaan met afwijzing. Zij voelen zich slachtoffer en verliezen de controle over hun situatie.

Literatuur

Heinrich, L.M. (2012). *Understanding adolescent loneliness.*: Monash, Melbourne, Australia University: Thesis Edition.
Lazarus, R. S. (1993). From Psychological Stress to the Emotions. *Annual Revue of Psychology, 44,* 1–24.
Mahon, N., Yarcheski, A., Yarcheski, T. J., Cannella, B. L., & Hanks, M. M. (2006). A meta-Analytic Study of Predictor for Loneliness During Adolescence. *Nursing Research, 55,* 308–315.
Perron, J. L., Cleverley, K., & Kidd, S. A. (2014). Resilience, Loneliness, and Psychological Distress Among Homeless Youth. *Archives of Psychiatric Nursing, 28,* 226–229.
Ploeg, J. D. van der (2007). *Gedragsproblemen; ontwikkelingen en risico's.* Rotterdam: Lemniscaat.
Ploeg, J. D. van der (2013). *Stress bij kinderen.* Houten: Bohn Stafleu van Loghum.

Gebrek aan waardering en aan vriendschappen

13.1 Inleiding – 98

13.2 Onderlinge relaties op school – 98
13.2.1 Sociometrisch onderzoek – 98
13.2.2 Sociometrische positie – 99

13.3 Angst te worden afgewezen – 99

13.4 Pesten als ultieme afwijzing – 100

13.5 Wat zijn vriendschappen? – 101

13.6 Jeugdigen zonder vriendschappen – 101

Literatuur – 102

© Bohn Stafleu van Loghum, onderdeel van Springer Media B.V. 2018
J. van der Ploeg, *Eenzaamheid bij jeugdigen*, DOI 10.1007/978-90-368-1953-4_13

> **Geen vrienden**
>
> » Zoals meer mensen werd ook ik gepest. Ik ben acht jaar lang gepest en als ik iemand tegensprak, geschopt en geslagen. Ik dacht dat ik vrienden had, maar ik werd om de domste dingen gebruikt. Sindsdien heb ik moeilijke vriendschappen gehad. Mijn beste vriendin stuurt al een tijdje geen berichten meer. Dat geldt ook voor een andere vriendin. En in mijn eentje stappen zie ik niet zitten. Ik ben mega onzeker. Heeft iemand een oplossing? Ik word gek van eenzaamheid.
>
> *Anoniem, op de website Forum Internethulpverlening (2015).*
>
> » Eenzaamheid is een van de ergste gevoelens die je kunt hebben. Wanneer je vrienden hebt, dan kun je al je gedachten met ze delen. Maar als je eenzaam bent, moet je alles in je eentje uitvechten.
>
> *Simone, 17 jaar, op de website ▶ Eenzaam.nl (2016).*

13.1 Inleiding

In ▶ H. 12 ging het over de vraag hoe jeugdigen omgaan met de stress die afwijzing kan veroorzaken. Afgewezen jeugdigen ontvangen geen enkele waardering en daar gaan zij diep onder gebukt. Niemand kan zonder waardering. Dat geldt zeker voor jeugdigen die nog in ontwikkeling zijn. Waardering is nodig om tot bloei te komen. Afwijzing belemmert dat.

Je kunt meer of minder waardering krijgen, maar het ontbreken van iedere waardering is funest. Dat is nog meer het geval als jeugdigen worden afgewezen of erger nog: worden gepest. De kans op eenzaamheid is dan groot. Vriendschappen vormen een belangrijke buffer tegen eenzaamheid. Het probleem is echter dat eenzame jeugdigen geen of weinig vrienden hebben.

In dit hoofdstuk ga ik eerst in op de onderlinge relaties tussen leeftijdgenoten en geef ik aan hoe waardering en afwijzing daarin een rol spelen. Daarna sta ik stil bij de betekenis van vriendschappen en wat het betekent als jeugdigen geen vrienden hebben.

13.2 Onderlinge relaties op school

De plek waar waardering en afwijzing dagelijks aan de orde zijn, is de school. Iedere dag ontmoeten jeugdigen daar hun leeftijdgenoten en dat leidt tot netwerken en onderlinge relaties. Hoe zien die relatiepatronen eruit? Ervaren alle jeugdigen op school even veel waardering van hun leeftijdgenoten? Of komt er ook afwijzing voor?

13.2.1 Sociometrisch onderzoek

Dankzij de eigenzinnige en kleurrijke psychiater Jacob Moreno (1953) is het mogelijk om de onderlinge relaties in een groep op een betrouwbare manier in beeld te brengen. Hij ontwikkelde daartoe een even simpele als doeltreffende methode. Deze sociometrische methode is later op meerdere manieren verder uitgewerkt en veelvuldig gebruikt in onderzoek en praktijk (Ploeg 2007).

De methode werkt als volgt: Aan alle leerlingen in de klas wordt gevraagd de namen op te schrijven van de drie door hen meest gewaardeerde leerlingen en de drie minst gewaardeerde klasgenoten. Er kan ook worden gevraagd welke leerlingen zij wel/niet in vertrouwen zullen nemen, met wie zij wel/niet op vakantie willen gaan, of wie zij wel/niet sympathiek vinden. Ook kan het aantal te noemen leerlingen variëren van twee tot vijf. Het gaat er steeds om de waardering te achterhalen die de leerlingen voor elkaar hebben of niet hebben.

Na verwerking van de verkregen gegevens zijn de volgende groepen leerlingen te onderscheiden:

- de populaire leerlingen (overwegend gewaardeerd);
- de controversiële leerlingen (veel gewaardeerd, maar ook veel afgewezen);
- de genegeerde leerlingen (niet gewaardeerd, maar ook niet afgewezen);
- de afgewezen leerlingen (overwegend afgewezen);
- de gemiddelde leerlingen.

Uit alle onderzoeken blijkt dat de onderlinge waardering na verloop van tijd niet tot weinig verandert. Wie in de eerste groep van het basisonderwijs veel waardering krijgt, heeft een zeer grote kans dat dit ook in laatste groep het geval is. En wie weinig waardering en weinig afwijzing krijgt in de eerste groep heeft dat ook in de laatste groep. Met andere woorden: de onderlinge posities veranderen door de jaren heen nauwelijks.

13.2.2 Sociometrische positie

Er is veel onderzoek gedaan naar de vraag in hoeverre bepaalde posities in de groep samengaan met verschillende gedragingen. Daaruit blijkt, kort gezegd, telkens weer dat de kinderen met een hogere sociometrische positie (de populaire kinderen) prosociaal gedrag en coöperatief gedrag vertonen, terwijl de kinderen met de laagste sociometrische positie (de afgewezen kinderen) zich problematisch gedragen, hetzij agressief, hetzij teruggetrokken. Deze kinderen voelen zich ook eenzamer. Het onderzoek van Asher, Hymel en Renshaw (1984) is daar heel duidelijk over. Van de niet gewaardeerde jeugdigen voelt 94 % zich eenzaam, waarvan 30 % zelfs heel erg.

Ook in het onderzoek van Woodhouse, Dykas en Cassidy (2011) blijkt een significante samenhang te bestaan tussen afwijzing en eenzaamheid. Het zijn vooral de *verlegen* afgewezen jeugdigen die zich erg eenzaam voelen. Afgewezen jeugdigen met *agressief* gedrag voelen zich niet eenzaam. Het verschil is te verklaren vanuit het feit dat verlegen, zich terugtrekkende jeugdigen grote moeite hebben om contact te maken met anderen. Hun schuchtere en timide gedrag houdt in dat zij zich afzijdig houden en dat anderen hen niet zien staan. Dat leidt dikwijls tot een vicieuze cirkel waarin de verlegenheid en de eenzaamheid elkaar versterken.

Voor eenzame agressieve jeugdigen geldt een ander verhaal. Zij worden eveneens weinig gewaardeerd, maar hebben ondanks hun storende gedrag soms toch wel vriendschappen met andere, eveneens agressieve jongeren (*brothers in crime*).

13.3 Angst te worden afgewezen

Een afwijzing door leeftijdgenoten komt bij kinderen en jongeren vaak hard aan. Niet mee mogen doen, genegeerd en buitengesloten worden, is dikwijls een pijnlijke ervaring die er flink inhakt. Wie dit gebrek aan waardering vaak ervaart, wordt na verloop van tijd bang om contact te maken met anderen. Afgewezen jeugdigen zijn vaak bang om opnieuw te worden afgewezen en weer hun neus te stoten. Zij ontlopen daarom zo veel mogelijk plekken waar zij anderen kunnen tegenkomen en trekken zich liever terug. Zo besparen zij zich een nieuwe pijnlijke ervaring. Daarmee neemt echter de kans op eenzaamheid toe.

De angst om te worden afgewezen kan ook leiden tot een overgevoeligheid voor afwijzing. Eerder afgewezen jeugdigen zien nieuwe ervaringen dan bij voorbaat als een bevestiging van hun mening dat anderen hen niet mogen. Daarmee dreigt het gevaar van een vicieuze cirkel waarbij de angst voor afwijzing, de eenzaamheid en het ontlopen van sociale contacten elkaar versterken.

Het zijn vooral de angstige en geremde jeugdigen met weinig zelfvertrouwen die al gauw een overgevoeligheid voor afwijzing ontwikkelen.

13.4 Pesten als ultieme afwijzing

In elke groep bestaan populaire (gewaardeerde) en geïsoleerde (afgewezen) jeugdigen. Het zijn vooral de afgewezen jeugdigen die de grootste kans lopen om te worden gepest. Jarenlang is de negatieve invloed van pesten niet onderkend. Ach, een beetje pesten kan geen kwaad. Intussen weten we dat pesten wél erg is en dat we er ook iets aan kunnen doen. Niettemin gaat het pesten in veel gevallen gewoon door.

Neem de tienjarige jongen van een Nederlandse basisschool. Hij zit in groep acht en is daar de allerjongste. Op advies van de schoolpsycholoog heeft hij een leerjaar overgeslagen. Hij wordt regelmatig gepest (fiets kapotgemaakt) en genegeerd (niet uitgenodigd voor verjaardagsfeestjes). Onlangs vroeg een klasgenoot hem: Waarom pleeg je geen zelfmoord?

Volgens het Nederlands Jeugdinstituut (NJi 2016) geeft 10 % van de basisschoolleerlingen aan dat zij meermalen het slachtoffer zijn geweest van pesten. In het voortgezet onderwijs is dat 7 %.

De aanpak van het pesten is in Noorwegen begonnen. Toen in 1983 drie jongens suïcide pleegden na langdurig te zijn gepest, werd er een grootschalig antipestprogramma gestart onder leiding van Dan Olweus (1993). Dat programma heeft model gestaan voor de ontwikkeling van vergelijkbare programma's in andere landen, waaronder ook Nederland (bijlage 7). Helaas zijn er nog steeds jeugdigen het slachtoffer van pesten.

De gevolgen van pesten kunnen zich op verschillende terreinen voordoen. Pesten kan gevoelens van verdriet en boosheid losmaken, maar het kan ook leiden tot psychische problemen als depressie en angst. Daarbij kan pesten ook fysieke problemen veroorzaken, zoals slapeloosheid, buikpijn en hoofdpijn. En het kan tot eenzaamheid leiden.

De laatste jaren komen cyberpesten en sexting steeds meer voor. In feite kent pesten talrijke manieren om anderen te laten voelen dat zij niet welkom zijn, niet mee mogen doen, niet mee tellen en er niet bij horen.

Om een indruk te geven van de relatie tussen eenzaamheid en pesten refereer ik aan het onderzoek van Aughild Lohre (2012). Zij onderscheidt de volgende vier groepen jeugdigen:
- jeugdigen die zich niet eenzaam voelen en ook niet worden gepest – 72 %;
- jeugdigen die zich eenzaam voelen, maar niet worden gepest – 8 %;
- jeugdigen die zich niet eenzaam voelen, maar wel worden gepest – 10 %;
- jeugdigen die zich eenzaam voelen en worden gepest – 10 %.

Het onderzoek laat dus zien dat veruit de meeste jeugdigen zich niet eenzaam voelen en ook niet worden gepest. Verder zijn er jeugdigen die zich eenzaam voelen zonder dat zij worden gepest. Ook zijn er jeugdigen die worden gepest, maar zich toch niet eenzaam voelen. Een op de tien jeugdigen wordt gepest en voelt zich eenzaam. Deze jeugdigen geven de meeste fysieke en psychische gezondheidsproblemen te zien, zoals hoofdpijn en angst.

13.5 Wat zijn vriendschappen?

Eenzame jeugdigen hebben vaak weinig vrienden. Vrienden zijn echter onmisbaar voor een gezonde ontwikkeling. Dat inzicht heeft niet altijd bestaan. Halverwege de vorige eeuw bestond er nauwelijks aandacht voor vriendschappen tussen jeugdige leeftijdgenoten. Het ging toen vooral om de relaties van jeugdigen met hun ouders en de invloed van ouders op hun kinderen. Later ging men inzien dat de relaties met leeftijdgenoten, en in het bijzonder vriendschappen, van grote invloed zijn op de ontwikkeling van jeugdigen.

Een vriendschap is te beschouwen als een min of meer langdurige relatie tussen (meestal) leeftijdgenoten die vooral is gebaseerd op onderling vertrouwen. Als jeugdigen wordt gevraagd wat zij verwachten van een vriendschap, dan keert dit aspect steeds terug. Met het wederzijds vertrouwen doelen zij op zaken als: je houden aan wat je afspreekt, nakomen wat je hebt beloofd, een geheim bewaren, elkaar persoonlijke ervaringen toevertrouwen en je gevoelens tegenover elkaar durven uiten.

Behalve het gevoel elkaar te kunnen vertrouwen zijn er in onderzoek veel meer kenmerken van vriendschappen in kaart gebracht. Deze zijn terug te brengen tot vijf basiskenmerken:
- elkaar vertrouwen;
- elkaar helpen;
- met elkaar optrekken;
- figuurlijk dicht bij elkaar staan;
- weinig conflicten met elkaar hebben.

In hechte vriendschappen zijn deze vijf basiskenmerken terug te vinden. Vriendschappen kunnen ook minder hecht en zelfs oppervlakkig van aard zijn. In dat geval zijn de genoemde vijf kenmerken in mindere mate of niet aanwezig. Vriendschappen kunnen uiteenlopen van vluchtig tot diepgaand en van solide tot vrijblijvend.

13.6 Jeugdigen zonder vriendschappen

Jeugdigen *zonder* vrienden ontwikkelen zich minder positief dan jeugdigen *met* vrienden. In tal van opzichten geven jeugdigen zonder vrienden daar blijk van. Zij:
- gedragen zich minder sociaal;
- hebben minder oog voor anderen;
- hebben minder zelfvertrouwen;
- voelen zich ongelukkiger;
- staan minder sterk in hun schoenen.

Om de negatieve gevolgen van het gemis aan vriendschappen te illustreren geef ik twee voorbeelden:
1. Voor kinderen en jongeren die een slechte relatie hebben met hun ouders kunnen vriendschappen een belangrijk tegenwicht vormen. Het begrip en de warmte die ze thuis niet vinden, vinden ze wel in hun vriendschappen. De vriendschappen compenseren hier de tekorten. Voor jeugdigen zonder vrienden ontbreekt deze compensatie. Daarmee neemt hun kans op eenzaamheid toe.
2. Vriendschappen kunnen helpen tegenslagen te overwinnen. Bij traumatische gebeurtenissen zoals het overlijden van een dierbare kunnen vrienden steun vinden bij elkaar. Dat geldt ook als de ouders gaan scheiden of bij andere tegenslagen zoals gezondheidsproblemen. Voor jeugdigen zonder vrienden is deze steun er niet. Zij staan er alleen voor en dat vergroot de kans op eenzaamheid.

Beide voorbeelden laten zien dat jeugdigen zonder vriendschappen de beschermende werking daarvan missen en daarmee minder of geen verweer hebben tegen de negatieve effecten van schokkende en nare ervaringen.

Jeugdigen die verstoken zijn van vriendschappen zijn kwetsbaarder, hebben meer last van psychische problemen en voelen zich vaker eenzaam.

Literatuur

Asher, S. R., Hymel, P. D., & Renshaw, P. D. (1984). Loneliness in Children. *Child Development, 55,* 1456–1464.
Løhre, A. (2012). The impact of loneliness on self-rated health symptoms among victimized school children. *Child and Adolescent Psychiatry and Mental Health, 6,* 1–14.
Moreno, J. L. (1953). *Who shall survive?.* New York: Beacon House.
Olweus, D. (1993). *Bullying at school.* Oxford: Blackwell Publishing.
Ploeg, J.D., van der (2007). *Kinderen (z)onder vrienden.* Rotterdam: Lemniscaat.
Woodhouse, S. S., Dykas, M. J., & Cassidy, J. (2011). Loneliness and Peer Relations in Adolescence. *Social Development, 21,* 273–291.

Eenzaamheid en suïcide

14.1 Inleiding – 104

14.2 Enkele cijfers – 104

14.3 Eenzaamheid en suïcide – 105

14.4 Eenzaamheid is niet de enige factor – 106

14.5 Combinaties van factoren – 106

14.6 Suïcidaliteit is een complex probleem – 107

Literatuur – 107

© Bohn Stafleu van Loghum, onderdeel van Springer Media B.V. 2018
J. van der Ploeg, *Eenzaamheid bij jeugdigen*, DOI 10.1007/978-90-368-1953-4_14

> **Intro**
>
> » Ik ben eenzaam en zwaar depressief en ben er heilig van overtuigd dat ik dat zal blijven, maar dat weten mijn ouders niet en mijn psycholoog ook niet. Zij willen graag dat het beter met mij gaat. Ik ga volgende week woensdag naar mijn psycholoog en ga hem zeggen dat ik er geen gat in zie. Als ze geen actie ondernemen, pleeg ik donderdag zelfmoord. Ik heb alles voorbereid.
>
> *Anoniem, op de website van Depressie Forum (2012).*
>
> » Voor mij was het al lang duidelijk dat mijn dochter hulp nodig had. Patricia had ADHD en PDD-NOS en op haar elfde werd ze seksueel misbruikt. Ze had geen vriendinnen en voelde zich erg eenzaam.
>
> » De afgelopen jaren kreeg ze last van flashbacks en kreeg ze stemmetjes in haar hoofd die heel negatief waren. Daardoor kreeg ze last van paniekaanvallen. Op een gegeven moment ging ze zichzelf beschadigen. Ze begon zichzelf te krassen met alles dat scherp was. De eerste keer dat ik het zag, zakte de grond onder mijn voeten weg. We moesten soms wel vier keer per week naar de eerste hulp. Ze probeerde herhaaldelijk zelfmoord te plegen.
>
> » Na lang wachten en zoeken is het eindelijk gelukt haar opgenomen te krijgen in een instelling. Toen ze daar de kans kreeg om weg te lopen, rende ze naar het treinspoor. Ze was toen 16 jaar.
>
> *Moeder over dochter, in RTL Nieuws, 21 juni 2017.*

14.1 Inleiding

Suïcide wordt vaak in verband gebracht met eenzaamheid. De eenzaamheid zou zo ondraaglijk zijn geworden dat er geen andere uitweg meer is dan een einde aan het leven te maken. Maar is die veronderstelling juist? Is aan suïcide altijd eenzaamheid vooraf gegaan? Om die vraag te beantwoorden is nader onderzoek nodig. Onderzoek naar suïcide is echter niet zo eenvoudig. Jeugdigen die suïcide hebben gepleegd, kun je niet meer vragen waarom zij tot hun daad kwamen. Dat antwoord moet nu komen van ouders, leeftijdgenoten, familie en leerkrachten.

Omdat degenen die een geslaagde zelfdoding hebben uitgevoerd, meestal eerder al een mislukte poging deden, vormen deze jeugdigen eveneens een belangrijke bron voor meer informatie en inzicht. Verder zijn ook de jeugdigen die laten weten er wel eens over gedacht te hebben om suïcide te plegen een belangrijke groep voor nader onderzoek. Denken aan suïcide gaat bijna altijd vooraf aan pogingen daartoe.

In dit hoofdstuk ga ik na wat onderzoek over dit onderwerp heeft te melden.

14.2 Enkele cijfers

In Nederland is het aantal zelfdodingen de laatste jaren langzaam gestegen en bedraagt in 2015 volgens het CBS (2016) 1871 gevallen. In 2007 was dat aantal 1353. Onder jeugdigen van 10 tot 25 jaar is het aantal zelfdodingen tussen 2009 en 2015 gestegen van 56 naar 82.

Afgezet tegen het aantal leeftijdgenoten blijkt dat het gaat om 2,4 per 100.000 jeugdigen. Vergeleken met andere landen is het aantal zelfdodingen onder jeugdigen in Nederland laag. In Rusland bijvoorbeeld is het aantal zelfdodingen zes maal meer.

Het aantal jeugdigen dat een of meer pogingen heeft gedaan om een einde aan het eigen leven te maken is aanzienlijk groter. Op basis van registraties in ziekenhuizen en posten van de spoedeisende hulp gaat het om bijna 20.000 jeugdigen die jaarlijks een poging tot zelfdoding doen. In werkelijkheid is dat aantal veel groter, want lang niet iedere jeugdige die een suïcidepoging doet, wordt officieel geregistreerd.

Naast het aantal zelfdodingen en het aantal pogingen daartoe is er een nog veel groter aantal jeugdigen dat het afgelopen jaar heeft gespeeld met de gedachte om een eind aan hun leven te maken. Hoe groot deze groep is, valt niet te zeggen. Prevalentie-onderzoeken in westerse landen geven aan dat 3 tot 11 % van de jeugdigen wel eens aan suïcide heeft gedacht.

De cijfers laten zien dat denken aan suïcide en mislukte pogingen ertoe veel voorkomen. We moeten ons dan ook niet blind staren op het relatief kleine aantal jeugdigen dat zelfmoord heeft gepleegd, maar rekening houden met een vele malen grotere groep die het risico loopt om tot een 'geslaagde' suïcide te komen.

14.3 Eenzaamheid en suïcide

De relatie tussen eenzaamheid en suïcide is meermalen onderzocht. Zo is vastgesteld dat onder suïcidale jeugdigen aanzienlijk meer eenzaamheid voorkomt dan onder hun niet-suïcidale leeftijdgenoten. Ook in onderzoek onder grote groepen jeugdigen naar de samenhang tussen eenzaamheid en suïcidaliteit is een significante relatie gevonden. Het maakt daarbij wel uit om welke vorm van eenzaamheid het gaat.

Het begrip eenzaamheid kent verschillende vormen. Het belangrijkste onderscheid is dat tussen emotionele en sociale eenzaamheid. Beide vormen van eenzaamheid zijn verbonden met suïcidaliteit. Het blijkt echter dat emotionele eenzaamheid een sterkere samenhang met suïcidaliteit vertoont dan sociale eenzaamheid. Dat houdt in dat jeugdigen die het pijnlijke gevoel hebben erg eenzaam te zijn eerder tot suïcidepogingen komen (of eraan denken) dan jeugdigen die eenzaam zijn omdat ze geen vrienden of andere sociale contacten hebben. De subjectieve beleving eenzaam te zijn (ik voel me eenzaam) is een groter gevaar om suïcidaal te worden dan de beter objectief vaststelbare eenzaamheid in de vorm van geen contacten (ik heb geen vrienden). Beide vormen blijven echter gevaarlijke risicofactoren (Stravynsky en Boyer 2001).

Dat de aard van de eenzaamheid van invloed is op het denken aan suïcide blijkt ook uit onderzoek dat uitgaat van andere vormen van eenzaamheid (Lasgaard et al. 2011).
Een jeugdige kan eenzaam zijn omdat hij/zij:
- geen vrienden heeft;
- een slechte relatie heeft met de ouders.

Het blijkt dat eenzaamheid ten gevolge van een slechte relatie met de ouders het sterkst samenhangt met het denken aan suïcide en pogingen daartoe. Minder sterk is het verband met eenzaamheid als gevolg van het ontbreken van vrienden. Beide vormen van eenzaamheid moeten echter worden gezien als risicofactoren. Naarmate de jeugdigen ouder worden, kantelt het beeld en drukt het gemis aan vrienden zwaarder en zal dat eerder tot suïcidaliteit leiden dan een slechte relatie met de ouders.

14.4 Eenzaamheid is niet de enige factor

Dat er een sterke samenhang bestaat tussen vormen van eenzaamheid en suïcidaliteit betekent niet dat eenzaamheid de enige voorspeller is. Er spelen meer problemen mee. Eenzame jeugdigen blijken bijvoorbeeld ook heel vaak depressief en angstig te zijn. Er zijn in de loop der tijd veel meer factoren aan het licht gekomen. Daaruit valt af te leiden dat het plegen van suïcide of pogingen daartoe een heel complex gebeurtenis is.

De meest genoemde factoren die hebben bijgedragen tot het plegen van suïcide of in het doen van pogingen daartoe zijn:
- psychische problemen:
  - depressie;
  - angststoornissen;
- persoonlijkheidsfactoren:
  - laag zelfbeeld;
  - gevoelens van hopeloosheid;
- gedragsproblemen:
  - antisociaal gedrag;
  - verslavingsgedrag (alcohol, drugs, roken);
- sociale problemen:
  - klein sociaal netwerk;
  - geen steungevende, helpende anderen;
- gezinsproblemen:
  - slechte relatie met de ouders;
  - suïcidaal gedrag binnen de familie;
- slachtofferschap:
  - slachtoffer van pesterijen;
  - slachtoffer van seksueel misbruik;
  - slachtoffer van fysieke kindermishandeling;
- ingrijpende stressvolle gebeurtenissen:
  - verlies van een dierbare;
- overige risicofactoren:
  - andere seksuele geaardheid (homo, lesbienne, transgender).

14.5 Combinaties van factoren

Niet alleen eenzaamheid kan leiden tot pogingen tot suïcide of erover denken. Het gaat altijd om meer factoren die in verschillende combinaties kunnen voorkomen. Ik geef hier enkele in onderzoek gevonden combinaties van factoren die de kans op suïcidaliteit vergroten.
- De combinatie van eenzaamheid met depressie en angst komt veel voor en duikt bij herhaling op als het gaat om suïcidaal gedrag.
- Kindermishandeling en verkrachting zijn vaak dermate stressvolle gebeurtenissen met een sterk bedreigend karakter, dat ze in samenhang met eenzaamheid jeugdigen ertoe kunnen brengen een eind aan hun leven te maken, of pogingen daartoe te ondernemen.

- Een veel voorkomende combinatie is die van eenzaamheid en relatieproblemen met leeftijdgenoten. Die problemen maken dat de jeugdige zich niet begrepen voelt, gepest wordt of afgewezen wordt vanwege storend (agressief) gedrag en kunnen suïcidaliteit in de hand werken.
- Ook de combinatie van eenzaamheid met een laag zelfbeeld, weinig tot geen steun van de ouders en verslaving kan de kans op suïcidaliteit vergroten.

14.6 Suïcidaliteit is een complex probleem

Niet iedere eenzame jeugdige zal een poging doen tot suïcide of daarover piekeren. Dat betekent dat vaak andere factoren bepalend zijn geweest. De meest prominente factoren die de kans op suïcide(pogingen) vergroten zijn:
- depressie (vaak ook angst);
- negatieve ervaringen (variërend van pesten tot seksueel misbruik);
- disfunctionerend gezin met gestoorde relaties;
- agressie;
- drank- en drugsproblemen;
- eerdere suïcidepogingen.

Soms is eenzaamheid het laatste zetje. In dat geval wordt het effect van andere ongunstige factoren (laag zelfbeeld, depressie en dergelijke) door de eenzaamheid versterkt. Eenzaamheid is dan de doorslaggevende factor. Het komt echter ook voor dat het suïcidale gedrag meer het gevolg is van psychische problemen. Dan is niet de eenzaamheid maar zijn de psychische problemen bepalend.

Dat is ook wat de professionele hulpverleners meestal zien. Zij richten zich bij suïcidale jeugdigen vooral op de psychische problemen die deze jeugdigen hebben. Dat zij ook kunnen lijden onder eenzaamheid, wordt wel opgemerkt maar er wordt doorgaans weinig tot geen expliciete aandacht aan gegeven. Eenzaamheid komt in de het handboek van de psychiater niet voor.

Literatuur

Centraal Bureau voor de Statistiek (2016). *Zelfdodingen in 2015, bericht van 30-6-2016*. ▶www.cbs.nl.
Lasgaard, M., Goossens, L., Bramsen, R. H., Trillingsgard, T., & Elklit, A. (2011). Different sources of loneliness are associated with different forms of psychopathology in adolescence. *Journal of Research in Personality, 45*, 233–237.
Stravynski, A., & Boyer, R. (2001). Loneliness in relation to suïcide ideation and parasuïcide: A population-wide study. *Suïcide and Life-Threatening Behavior, 31*, 32–40.

Eenzaamheid en internet

15.1 Inleiding – 110

15.2 Communiceren via het internet – 110

15.3 Internet, face-to-facecontacten en eenzaamheid – 111

15.4 Eenzaamheid en Facebook – 112
15.4.1 Passieve en actieve gebruikers – 112
15.4.2 Internetcontact als opstapje – 113
15.4.3 Gevaren en mogelijkheden – 113

15.5 Internetverslaving – 113

15.6 Gevaren van het internet – 114

Literatuur – 116

© Bohn Stafleu van Loghum, onderdeel van Springer Media B.V. 2018
J. van der Ploeg, *Eenzaamheid bij jeugdigen*, DOI 10.1007/978-90-368-1953-4_15

> **Digitale contacten**
>
> » Ik heb 422 vrienden en toch ben ik alleen. Ik spreek ze iedere dag, maar toch kennen ze mij niet.
>
> *Gary Turk, jonge filmregisseur (2014).*
>
> » De apps die ik het meest gebruik zijn WhatsApp, Snapchat, Facebook en Instagram. Ik zit in elf groepsapps: een van mijn bijbaantje, de vriendengroep, een chat waarin we een filmavond plannen, twee schoolchats, een groepsapp met het gezin, twee met de familie en nog een meidengroep. Sommige chats zijn actiever dan andere, maar er wordt wel veel in gepraat. Daarin wordt echt van alles gedeeld. In de pauze van mijn werk reageer ik altijd even op berichtjes die ik heb ontvangen. Per dag besteed ik, denk ik, drie uur aan mijn telefoon.
>
> *Kapster (17) in opleiding in NRC 20 november 2015.*

15.1 Inleiding

Met de opmars van het internet zijn de mogelijkheden om via de digitale weg met elkaar te communiceren steeds groter geworden. Vaak is gesteld dat dit eenzaamheid bij jeugdigen in de hand werkt. De redenering is dat de virtuele contacten de face-to-facecontacten verdringen. De contacten waarbij men letterlijk dicht bij elkaar staat en elkaar kan aanraken, maken plaats voor contacten waarbij de ander fysiek op afstand blijft. Deze contacten zijn oppervlakkiger en minderzeggend, terwijl de face-to-facecontacten diepgaander zijn. Daar heb je meer aan in tijden van nood. Zegt men, maar is het ook waar? Verdringen de digitale contacten de face-to-facecontacten? Klopt het dat de virtuele contacten minder voorstellen dan de fysieke contacten? Gaat er echt zoveel tijd zitten in het communiceren via het internet? Werkt dat verwatering van de onderlinge sociale relaties in de hand? Neemt de kans op eenzaamheid daarmee toe?

15.2 Communiceren via het internet

Het percentage jeugdigen dat toegang heeft tot het internet is inmiddels nagenoeg 100 %. De tijd die zij aan het internet besteden, is de laatste jaren gestegen. De cijfers lopen uiteen van 16 tot 23 uur per week. Het internet wordt gebruikt voor uiteenlopende doeleinden: spelletjes spelen, informatie verzamelen, e-mailen, chatten, schoolwerk maken.

Het internet heeft de manier waarop we met elkaar communiceren sterk veranderd. De vaste telefoon en de brief zijn vrijwel geheel uit het assortiment van communicatiemiddelen verdreven. Nu wordt contact gelegd via het mobieltje en de e-mail, maar ook via chatboxen, webcam, webblog en sociale netwerken. Nog nooit kon men elkaar zo snel en zo gemakkelijk bereiken. Steeds meer mensen zijn deze nieuwe communicatiemiddelen gaan gebruiken. Het internet is intussen een belangrijk en onmisbaar onderdeel van hun leven geworden. Vooral jeugdigen maken er volop gebruik van. Zij zijn vaak als eersten op de hoogte van nieuwe technologische vondsten.

Tabel 15.1 Face-to-facecontacten van de bevolking van twaalf jaar en ouder (in uren per week)

jaar	uren
1975	11,3 uur
1990	9,2 uur
2000	7,8 uur
2005	6,8 uur
2011	5,7 uur

Jeugdigen steken veel tijd in de onderlinge communicatie. Uit cijfers van het CBS (2015) blijkt dat er wel verschillen bestaan in het gebruik van sociale media door jeugdigen (12–25 jaar):
- 51 % besteedt er 1 tot 3 uur per dag aan;
- 21 % is er minder dan 1 uur per dag mee bezig;
- 20 % steekt er dagelijks 3 tot 5 uur in;
- 8 % zit dagelijks 5 uur of meer op sociale media.

Veel jeugdigen (40 %) zeggen dat veel contacten op sociale media hen een goed gevoel geven. Ze vinden deze contacten heel bevredigend. In no time hebben ze contact met anderen om dingen te bespreken, door te geven of te vragen. Helaas weet niet iedereen maat te houden. Bijna een vijfde van de jeugdigen zegt verslaafd te zijn aan sociale media. Zij kunnen er niet mee stoppen als dat nodig is. Dit heeft vooral negatieve consequenties voor de schoolprestaties. Daarmee is overigens niet gezegd dat door het toenemende internetgebruik de kans op eenzaamheid onder jeugdigen ook toeneemt.

15.3 Internet, face-to-facecontacten en eenzaamheid

Hoe reëel is de angst dat de digitale contacten de fysieke contacten steeds verder zullen verdringen? Volgens het Sociaal Cultureel Planbureau heeft onder de Nederlandse bevolking de laatste decennia een evidente daling plaatsgevonden in het aantal face-to-facecontacten (tab. 15.1).

De daling geeft aan dat de behoefte aan persoonlijke ontmoetingen waarbij men elkaar in den lijve ziet en spreekt de afgelopen veertig jaar minder groot is geworden. Mensen komen minder bij elkaar over de vloer en zoeken elkaar minder op. Maar deze daling blijkt al te zijn ingezet vóór de komst van het internet. We kunnen derhalve de daling niet alleen toeschrijven aan het sterk toegenomen elektronische sociale verkeer. Van een verdringing van de face-to-facecontacten door het toenemende internetverkeer kan niet worden gesproken.

Hoewel jeugdigen steeds meer tijd steken in het internet en hun aantal digitale contacten verder stijgt, geven zij ook aan een voorkeur te hebben voor de face-to-facecontacten. Zij ontmoeten hun vrienden en andere bekenden het liefst in levenden lijve omdat zij dat prettiger en plezieriger vinden en elkaar dan beter kunnen begrijpen.

Toch nemen de face-to-facecontacten af en stijgt de digitale communicatie. Het gemak waarmee via het internet contacten zijn te leggen, wint het van de tijdrovende manier om fysieke contacten tot stand te brengen.

Of het aantal face-to-facecontacten verder zal dalen is onbekend. Mogelijk wordt de elektronische communicatie minder aantrekkelijk (te oppervlakkig en te vluchtig) en zal de behoefte aan echte contacten weer toenemen. We weten het niet. Veel zal afhangen van de vraag of de digitale contacten als even bevredigend zullen worden ervaren als de reallife-ontmoetingen. Ook dat moet nog blijken.

Voorlopig is het te vroeg om te stellen dat het toegenomen internetverkeer leidt tot meer eenzaamheid. Wel schuilen er gevaren in het internetgebruik en die kunnen vooral eenzame jeugdigen treffen.

15.4 Eenzaamheid en Facebook

Van de sociale media is Facebook het populairst. Het is hét geëigende kanaal om allerlei informatie te delen, anderen te ontmoeten en vrienden te maken. Veel jeugdigen maken daarvan gebruik. Hoe is dat met eenzame jeugdigen?

Het blijkt dat eenzame jeugdigen meer dan gemiddeld gebruikmaken van Facebook. Zij zoeken compensatie voor hun gebrek aan sociale contacten en het gemis van vrienden. Via Facebook hopen zij tot contacten te komen die zij in het dagelijkse leven niet hebben. Maar of het gebruik van Facebook eenzame jeugdigen ook minder eenzaam maakt, is zeer de vraag. Dat hangt samen met de vraag hoe zij Facebook gebruiken. Er zijn passieve en actieve gebruikers.

15.4.1 Passieve en actieve gebruikers

De actieve gebruikers zijn te onderscheiden in privégebruikers en openbare gebruikers. De privégebruikers wisselen persoonlijke gegevens uit, geven elkaar boodschappen door, zenden foto's van elkaar rond en wijzen elkaar op interessante gebeurtenissen. Actieve openbare gebruikers zenden foto's, berichten en dergelijke rond die voor iedereen toegankelijk zijn. Op die manier kunnen ook meningen en standpunten over uiteenlopende onderwerpen worden geventileerd die iedereen kan lezen.

De passieve gebruikers hebben vooral oog voor wat erop Facebook plaatsvindt. Zij kijken er van enige afstand naar en nemen niet deel aan de uitwisseling van ervaringen.

Eenzame jeugdigen blijken vooral passieve Facebookgebruikers. Zij doen niet mee aan de uitwisseling van persoonlijke gegevens en volgen alleen de voor iedereen toegankelijke boodschappen en berichten. De eenzaamheid wordt door dit Facebookgebruik niet minder. Er zijn zelfs aanwijzingen dat dergelijk intensief gebruik van Facebook eenzame jeugdigen nog eenzamer maakt. Als het hen namelijk niet lukt om via dit sociale medium tot echte contacten te komen, dan worden zij nog nadrukkelijker geconfronteerd met hun eigen eenzaamheid (Teppers et al. 2014).

Eenzame jeugdigen die Facebook actief gebruiken, hebben meer kans om in contact te komen met anderen. Via Facebook hebben zij de mogelijkheid om op afstand te blijven. Zij hoeven niet fysiek aanwezig te zijn. Dit kan helpen hun terughoudendheid te overwinnen. Facebook kan dan een attractief medium zijn voor eenzamen.

15.4.2 Internetcontact als opstapje

Het internet is meer dan alleen Facebook. Er bestaan veel meer mogelijkheden om via het internet in contact te komen met anderen. Wat eenzame jeugdigen via de gewone weg niet lukt, slaagt mogelijk via de elektronische weg: communiceren met anderen. Via de digitale route is het immers gemakkelijker om contact te maken met anderen. Dat kan voor eenzame jeugdigen – die zich in het dagelijkse verkeer vaak sociaal onhandig gedragen – een mooie opstap zijn om uit hun isolement te geraken. Sociale interacties via het internet zijn voor hen mogelijk minder bedreigend.

15.4.3 Gevaren en mogelijkheden

Er bestaat een pessimistische en een optimistische kijk op het internetgebruik van eenzame jeugdigen.

De pessimisten wijzen erop dat eenzame jeugdigen zich gemakkelijk overgeven aan een overdadig gebruik van het internet. Niet zo zeer om met anderen te communiceren, maar meer om te gamen en met eigen dingen bezig te zijn. Onder deze jeugdigen is vaak sprake van een intensief en bijna dwangmatig gebruik van het internet. Daarmee wordt het probleem van de eenzaamheid niet opgelost, maar versterkt.

De optimisten zeggen dat communicatie via het internet een goede mogelijkheid is voor sociaal angstige jeugdigen met weinig zelfvertrouwen en weinig vrienden om in contact te komen met anderen. Hun sociale tekorten vallen daar minder op dan in de face-to-facecontacten. De op het internet gegroeide contacten geven hen meer zelfvertrouwen. Van deze contacten kunnen ze leren hoe je over en weer van gedachten kunt wisselen en elkaar berichten kunt zenden. Zo leren ze meer van anderen en van zichzelf. Op den duur kan dat eenzame jeugdigen zelfs stimuleren om meer face-to-facecontacten te zoeken.

Zowel de pessimisten als de optimisten hebben gelijk. Het internet kan eenzame jeugdigen helpen om over een drempel te komen, maar het risico blijft aanwezig – zeker onder ongunstige omstandigheden zoals verwaarlozing thuis en pesten op school – dat zij problematische internetgebruikers worden. De fysieke contacten zijn dan ver weg en de kans is groot dat hun leven zich afspeelt achter het scherm van hun PC om te gamen of om andere dingen te doen, maar niet om te communiceren.

15.5 Internetverslaving

De kans dat eenzame jeugdigen verslaafd raken aan het internet, is niet denkbeeldig. Hoe groot die kans is, weten we niet precies. Tussen eenzaamheid en verslaving of problematisch internetgebruik bestaat echter wel een duidelijke relatie. Maar wanneer spreken onderzoekers van een verslaving?

Om dat te bepalen wordt meestal gekeken naar de frequentie waarmee een jeugdige gebruikmaakt van het internet. Dat kan uiteenlopen van veel naar weinig. Het is echter moeilijk om aan te geven waar de grens tussen veel en weinig internetgebruik precies ligt. Meestal wordt als grens aangehouden acht uur per dag.

Wetenschappers zien het internetgebruik als een verslaving als de jeugdige niet kan stoppen en de controle over zijn gebruik heeft verloren. Dat kan zich op twee manieren uiten:
- in een algemeen problematisch internetgebruik, waarbij het gebruik zich richt op uiteenlopende onderwerpen die allemaal in extreme mate worden bekeken;
- in een specifiek problematisch gebruik, waarbij de jeugdige zich richt op bepaalde onderwerpen zoals porno of gokken en die sites in extreme mate bezoekt.

Het aantal excessieve internetgebruikers ligt tussen 6 en 10 %. Daaronder bevinden zich veel eenzame jeugdigen.

Zijn zij verslaafd geraakt aan het internet omdat ze zich zo eenzaam voelen? Of zijn ze door het extreme internetgebruik eenzaam geworden? Die relatie is moeilijk te ontrafelen in oorzaak en gevolg, omdat beide sterk met elkaar samenhangen en elkaar wederzijds beïnvloeden. Een eenzame internetverslaafde wordt steeds eenzamer en wordt steeds extremer in het gebruik van het internet.

Toch wordt op basis van wetenschappelijk onderzoek aangenomen dat het vooral de eenzaamheid is die tot extreem internetten leidt. Eenzaamheid is een belangrijke voorspeller van problematisch internetgebruik (Huan et al. 2014).

Verslaving of problematisch internetgebruik heeft allerlei negatieve gevolgen. De prestaties op school gaan omlaag, relaties met anderen – voor zover nog aanwezig – verwateren, er ontstaan fysieke klachten, zoals slaapproblemen, en de eenzame jeugdige komt tot steeds minder sociale en fysieke activiteiten.

15.6 Gevaren van het internet

Niet alleen eenzame jeugdigen lopen het risico verslaafd te raken aan internetten. En verslaving is niet het enige dreigende gevaar. Het internet kan ook leiden tot misbruik en andere problemen. Dikwijls zijn eenzame jeugdigen daarvan het slachtoffer. Er is vaak gewezen op de volgende gevaren:
- het versturen van negatieve boodschappen om anderen te kwetsen of te pesten;
- blootgesteld worden aan pornografie, geweld, racisme en bedreigingen;
- onder druk worden gezet om persoonlijke gegevens te verstrekken aan vreemden;
- internetverslaving met fysieke en psychische gevolgen, zoals obesitas en eenzaamheid;
- (ongevraagd) onder invloed komen te staan van geweld, racisme, pornografie, reclame en misleidende informatie.

Het internetverkeer is met de komst van de smartphone sterk geïntensiveerd. Dat geldt ook voor het misbruik van het internet. Het mobieltje maakt het mogelijk om nog sneller berichten op te halen en boodschappen te versturen. De smartphone werkt als een snelkookpan. Onder druk van de tijd worden snel (verkeerde) keuzes gemaakt in het doen van aankopen en het verzenden van teksten en versturen van foto's en video's.

Het is een bekend beeld: bellende mensen op de fiets en internettende passagiers in de trein of de tram. Maar ook in de supermarkt, achter de kinderwagen en in de groep komen we ze tegen. Er is eigenlijk geen plek waar de smartphone niet gebruikt wordt. Alleen als er uitdrukkelijk om wordt verzocht of als het evident is dat het mobieltje uit moet, is de bellende mens even niet zichtbaar.

15.6 · Gevaren van het internet

De mobiele telefoon heeft een explosieve groei doorgemaakt. Het apparaat is steeds kleiner, lichter, handiger en uitgebreider geworden. Onder jeugdigen is de smartphone een geliefd bezit. Dat begint al op jonge leeftijd, mede doordat ouders willen weten waar hun kinderen zijn. Eerst kan nog worden volstaan met een eenvoudig toestel. Maar met het ouder worden hebben de jeugdigen bij voorkeur het nieuwste model. Bijna alle kinderen vanaf twaalf jaar hebben een mobiele telefoon. Veel kinderen hebben daar al eerder de beschikking over. Het mobieltje is niet meer weg te denken uit het leven van jongeren. Het is een deel van hun identiteit geworden. Zonder een mobiele telefoon voelen jeugdigen zich niet prettig en worden ze nerveus.

In ▶H. 13 heb ik al aandacht besteed aan het cyberpesten. Jeugdigen die op school worden gepest, worden nu dikwijls ook anoniem gepest via het internet. Cyberpesten komt nog harder aan omdat de beledigende en belastende berichten overal terecht kunnen komen. Niet alleen de betrokkene kan het bericht lezen of de foto bekijken, maar via de sociale media kunnen veel meer mensen er kennis van nemen. Door het mobieltje kan het pesten doorgaan tot in de slaapkamer, want vrijwel alle jeugdigen hebben hun smartphone dag en nacht binnen handbereik. Met het mobieltje op zak kan er direct contact worden gemaakt (*anytime, anywhere*). Waar het mobieltje is, is in principe ook de pestkop.

Een ernstige vorm van misbruik van het internet is *sexting*. Het woord 'sexting' is een combinatie van de Engelse woorden 'sex' en 'texting'. Het gaat hier om het verzenden van seksueel getinte beelden of teksten. Vaak zijn het in vertrouwen gemaakte intieme foto's die aan bepaalde personen (vrienden of bekenden) worden verstuurd. Het komt echter ook voor dat deze foto's op een voor iedereen toegankelijk sociaal medium worden geplaatst door een vriend of vriendin, die inmiddels geen vriend meer is.

> **Haar blote borsten gingen het hele dorp door**
> Op een feestje kwam een buurmeisje van Sarah uit Oud-Beijerland een leuke jongen tegen. Ze raakten aan de praat, en na een paar glazen prik voegde ze hem toe op Snapschat. Via deze populaire foto-app zonden ze elkaar sindsdien berichten. Of ze misschien een foto van zichzelf wilde sturen? Een beetje sexy graag, als dat mocht. In ondergoed met haar hemdje tot boven haar borsten getrokken, schoot het buurmeisje een selfie. Ze versierde de foto met een paar gele strepen en drukte op verzenden.
> Tot haar eigen schaamte gingen de blote borsten van het buurmeisje het hele dorp door, van de school tot de hockeyclub. De jongen was de koning en zij werd gezien als een dommerik, als een sletje.
>
> Bron: Trouw, 7 februari, 2017.

Het blijkt dat bijna een kwart van de jeugdigen tussen twaalf en zeventien jaar wel eens een pikante foto van een onlinevriend op zijn beeldscherm heeft zien verschijnen. Een op de vijftien pubers geeft toe zelf een naaktfoto of een kiekje in ondergoed naar iemand anders te hebben gestuurd.

Het online plaatsen van kwetsend beeldmateriaal kan jeugdigen diep raken. Slachtoffers van cyberpesten en sexting zijn vaak sociaal angstige, weinig weerbare en eenzame jeugdigen. Zij voelen zich beschaamd en ongelukkig, raken gedeprimeerd en kruipen steeds meer in hun schulp. Dit vergroot de kans op eenzaamheid.

Literatuur

Huan, V. S., Ang, R. P., & Chye, S. (2014). Loneliness and shyness in adolescent problematic internet users. *Child Youth Care Forum, 43,* 539–551.

Kloosterman, R., & Beiningen, J. van (2015). *Jongeren over sociale media.* Den Haag: CBS.

Ploeg, J. D. van der (2015). *Kijk op de Nederlandse Jeugd.* Antwerpen/Apeldoorn: Garant.

Sociaal Cultureel Planbureau. (2012). *Computer en internet.* Den Haag: SCP.

Teppers, E., Luyckx, K., Klimstra, T. A., & Goossens, L. (2014). Loneliness and Facebook motives in adolescence. *Journal of Adolescence, 37,* 691–699.

Eenzaamheid en gamen

16.1 Inleiding – 118

16.2 De plus- en minpunten van gamen – 118
16.2.1 De positieve kanten – 118
16.2.2 De negatieve kanten – 119

16.3 Gameverslaving – 119

16.4 De relatie tussen eenzaamheid en gamen – 120

16.5 De aard van de games – 120

16.6 Risicoverhogende factoren op extreem gamen – 121

16.7 Gamen is goed voor de ontwikkeling – 121

Literatuur – 122

© Bohn Stafleu van Loghum, onderdeel van Springer Media B.V. 2018
J. van der Ploeg, *Eenzaamheid bij jeugdigen*, DOI 10.1007/978-90-368-1953-4_16

> **Koppen van krantenartikelen (Trouw 2014)**
>
> » Games zijn allang geen onschuldige spelletjes meer
>
> » Je haalt de gamers er zo uit: bleke koppen, wallen, geen echte belangstelling voor wat er om hen heen gebeurt
>
> » Het probleem bij pubers is dat er geen rem zit op het spelen van games. Remmen dat moeten ouders doen

16.1 Inleiding

Veel ouders maken zich zorgen over het gamegedrag van hun kinderen. Ze zijn bang dat het huiswerk eronder gaat lijden, dat hun kinderen niet meer toekomen aan andere sociale activiteiten (sporten, uitgaan, vrienden opzoeken), dat ze er minder sociaal en mogelijk eenzaam van worden.

Maken deze ouders zich terecht zorgen? Ligt vereenzaming op de loer bij kinderen die veel gamen?

Feit is dat veel jeugdigen vaak videogames via een playstation (offline) of via het internet (online) spelen. Vooral het online spelen (computer, spelcomputer, tablet, mobieltje) is gestegen. In Nederland spelen jeugdigen gemiddeld elf uur per week games. Jongens zijn daar veel meer tijd aan kwijt dan meisjes (vijftien uur tegenover zeven uur). De verwachting is dat het spelen van games verder zal toenemen. De honger naar nieuwe en nog realistischer games is nog lang niet gestild. Een aanwijzing voor een verdere stijging is te vinden in de omzetcijfers. In Nederland is de omzet in vijf jaar verdubbeld. Wereldwijd verdienen fabrikanten in 2017 bijna 35 miljard aan mobiele games.

16.2 De plus- en minpunten van gamen

16.2.1 De positieve kanten

Gamen kan leiden tot nieuwe contacten. Jeugdigen kunnen tijden het spel ook op elkaar reageren. Daaruit kunnen gesprekken voortkomen over gemeenschappelijke interesses, of het kan discussies tot gevolg hebben over bepaalde onderwerpen. Op die manier kunnen de spelcontacten meer inhoud krijgen en intensiever worden. Ook gamen jeugdigen regelmatig met bekenden en vrienden die ze ook in het dagelijks leven zien. In dat geval kan het gamen tot vriendschappen leiden of kunnen de bestaande vriendschappen worden versterkt. Daarnaast kan gamen zorgen voor ontspanning. Zo kan boosheid al gamend verminderen en kunnen jeugdigen spelenderwijs leren beter met winnen en verliezen om te gaan.

Als jeugdigen een keer vier uur achter hun scherm zitten, is dat geen ramp. Het is vergelijkbaar met vier uur onafgebroken een boek lezen. Daar maken ouders zich doorgaans ook geen zorgen over.

Zelfs het spelen van agressieve games kan een positief effect hebben, zo concludeerde Ferguson (2007). Hij nam een groot aantal wetenschappelijke studies onder de loep en kwam op basis van een meta-analyse tot de slotsom dat agressieve games spelen diverse positieve effecten kan hebben. Hij noemde onder meer verbetering van geheugen, concentratievermogen, oog-handcoördinatie, visuele waarneming en ruimtelijk inzicht.

16.2.2 De negatieve kanten

Jeugdigen kunnen zo intensief en langdurig gamen, dat zij hun bestaande relaties en vriendschappen verwaarlozen. Het gevaar dreigt dat de fysieke contacten worden ingeruild voor virtuele contacten. Op die manier verschraalt het sociale netwerk en wordt het kleiner en van mindere kwaliteit.

Kowert et al. (2014) stelden vast dat het sociale netwerk van jeugdigen die veel gamen (dertig uur per week of meer) van minder kwaliteit is dan dat van jeugdigen die slechts twee tot zeven uur per week games spelen. De intensieve gamers hadden ook een kleiner netwerk.

Door steeds minder tijd te besteden aan face-to-face-ontmoetingen en zich meer en meer af te sluiten voor vrienden, ouders, broers en zussen, raken intensieve gamers geïsoleerd. Dat kan inhouden dat zij ten tijde van problemen minder op steun en hulp van anderen kunnen rekenen. Ze komen alleen te staan. Dat belemmert hun sociaal-emotionele ontwikkeling en op den duur kunnen deze jeugdigen vereenzamen.

16.3 Gameverslaving

Wanneer breekt het moment aan dat ouders zich echt zorgen moeten maken over het gamen van hun kinderen? Wanneer steekt een jeugdige te veel tijd in het spelen van games? Waar ligt de grens?

In het algemeen wordt als grens aangehouden zestien uur per week. Vanaf hier wordt het spelen van games als verslavend beschouwd. Over deze grens valt te discussiëren. De een zal de grens te laag en de ander te hoog vinden. Daarom is het ook belangrijk te kijken naar het gedrag van de jeugdigen. Hoe gaan zij met het gamen om? Op welke wijze neemt het spelen van games het leven van jeugdigen in beslag?

Kenmerkend voor een gameverslaving zijn:
- Gamen krijgt een dwangmatig karakter en de jeugdige ziet geen kans er minder tijd aan te besteden.
- Er treden ontwenningsverschijnselen op, zoals onrust en depressie, als er een tijdje niet gespeeld kan worden.
- De jeugdige komt niet meer toe aan vrienden, school, hobby's, sport en andere activiteiten.

Als de verslaving aanhoudt, kan dat leiden tot eenzaamheid en een verminderd gevoel van welzijn: de jeugdige voelt zich ongelukkig en is ontevreden met zichzelf en zijn leven.

Het aantal gameverslaafden wordt geschat op 2 % van de Nederlandse jongeren tussen dertien en zestien jaar. Dat lijkt weinig maar in absolute getallen gaat het om bijna 15.000 jeugdigen, in meerderheid jongens. Bij deze jeugdigen ontbreekt de rem.

16.4 De relatie tussen eenzaamheid en gamen

Eenzaamheid en gameverslaving hangen sterk met elkaar samen. In de vorige paragrafen hebben we erop gewezen hoe overmatig gamen tot eenzaamheid kan leiden. Maar het omgekeerde komt ook voor. Eenzaamheid kan ook leiden tot overmatig gamen. Eenzame jeugdigen hebben vaak de illusie dat zij door te gamen er toch bijhoren. In de virtuele wereld van het gamen spelen zij een rol, nemen ze besluiten, kunnen ze winnen en het gevoel krijgen dat ze ertoe doen. Zo pogen zij hun negatieve gevoelens van eenzaamheid te verdringen. In werkelijkheid helpt gamen eenzame jeugdigen niet echt om uit het dal van hun eenzaamheid te geraken. Integendeel, de kans is groot dat zij nog eenzamer worden doordat zij de spaarzame fysieke contacten die ze nog hadden, verwaarlozen en helemaal opgaan in het gamen.

Eenzaamheid kan zowel oorzaak als gevolg zijn van bovenmatig gamen. De kans dat eenzaamheid leidt tot extreem gamegebruik is echter groter dan dat omgekeerd overmatig gamen de oorzaak is van eenzaamheid. Hoe dit ook mag zijn, vast staat dat er een sterke wisselwerking plaatsvindt tussen eenzaamheid en buitensporig gamen. Hoe eenzamer, hoe groter de kans op meer gamen, maar ook hoe meer gamen, hoe groter de kans op eenzaamheid.

Tot zover is de gameverslaving alleen in verband gebracht met eenzaamheid. Maar eenzaamheid is niet de enige boosdoener. Ook andere factoren kunnen een rol spelen. Zo hebben sociaal angstige, erg verlegen en zich terugtrekkende jeugdigen meer kans te veel te gaan gamen. Agressieve, onbeheerste jeugdigen hebben eveneens meer kans om verslaafd te raken aan het gamen. Zij voelen zich sterk aangetrokken tot agressieve games. En die zijn er legio. In feite hebben alle jeugdigen met gedragsproblemen een grotere kans om te veel tijd in gamen te steken. Zij ervaren gamen als een verblijf in een andere wereld. Hier zijn ze niet de lastige jongen of het problematische meisje. Hier zijn zij de baas. Zie ook ▶par. 16.6.

Tot slot van deze paragraaf nog twee kanttekeningen:
- Niet alle eenzame jeugdigen zoeken hun heil in games. Er zijn ook eenzame jeugdigen die zo passief zijn geworden, dat zij zelfs daar niet aan toekomen.
- Niet alle bevlogen spelers van games zijn eenzaam (en verslaafd). De meeste fanatieke spelers weten maat te houden en komen niet in de problemen. Ook niet in het probleem van de eenzaamheid.

16.5 De aard van de games

Maakt het voor het ontstaan van eenzaamheid uit wat voor games er worden gespeeld? Tot nu toe hebben we daarin geen onderscheid gemaakt. Maar de ene game is de andere niet. Agressieve games zijn niet hetzelfde als sociale games.

In agressieve games hebben vooral agressieve gevoelens de overhand (de vijand op gewelddadige wijze uitschakelen), terwijl sociale games meer appelleren aan sociale gevoelens (via samenwerking verder komen). Dit onderscheid is belangrijk omdat de spelers van sociale games niet dezelfde zijn als spelers van agressieve games. Ook niet als het om eenzame jeugdigen gaat.

Eenzame jeugdigen die extreem vaak agressieve games spelen, lopen meer risico om verder te vereenzamen dan eenzame jeugdigen die het bij sociale games houden. Dit heeft ermee te maken dat het spelen van agressieve games de kans op vervreemding van de realiteit meer vergroot dan het spelen van sociale games. Veelvuldig gewelddadige en agressieve games spelen kan agressief gedrag, agressieve gedachten en agressieve stemmingen bevorderen. Ook blijkt dat na het spelen van gewelddadige games, jeugdigen minder geneigd zijn om anderen te helpen.

16.6 Risicoverhogende factoren op extreem gamen

De kans op gameverslaving is niet bij elke jeugdige even groot. Naast eenzaamheid zijn er meer omstandigheden die het risico op een gameverslaving versterken. Gevoelig voor een gameverslaving zijn:
- jeugdigen met *weinig zelfcontrole*, die hun gedrag en emoties onvoldoende in de hand hebben, waardoor ze niet in staat zijn zichzelf een halt toe te roepen;
- jeugdigen met een *gebrek aan zelfvertrouwen*, die de illusie hebben dat zij met het gamen de baas zijn en daardoor het gevoel krijgen dat zij ertoe doen;
- jeugdigen met *beperkte empathie*, die het vermogen missen om situaties in het echte leven te doorzien, in de virtuele wereld is dat geen probleem;
- jeugdigen met *ontwikkelingsstoornissen* (zoals ADHD of autisme), die zich vaak sterk aangetrokken voelen tot (gewelddadige) videospellen; daar kunnen zij de regie voeren;
- *sociaal incompetente* jeugdigen, die niet de vaardigheden hebben om optimaal deel te nemen aan het sociale verkeer; in virtuele situaties is sociale incompetentie op zich geen probleem;
- *sociaal angstige en depressieve* jeugdigen, die voelen zich vaak eenzaam en hebben de neiging te vluchten in een virtuele wereld die voor hen niet bedreigend is en zelfs door hen kan worden gemanipuleerd;
- jeugdigen *uit probleemgezinnen,* die daar geen steun of begeleiding van hun ouders vinden, staan eerder open voor games omdat het hen afleidt van de situatie thuis.

16.7 Gamen is goed voor de ontwikkeling

Aan het einde van dit hoofdstuk kan de indruk zijn ontstaan dat videogames spelen meer negatieve dan positieve gevolgen heeft. Dat is echter niet het geval. Dankzij een internationaal onderzoek in zes Europese landen (waaronder Nederland) naar het spelen van videogames door meer dan 3.000 basisschoolleerlingen, hebben we daar nu meer zicht op (Kovess-Masfety et al. 2016).
Wat de frequentie van spelen betreft, blijkt het volgende:
- 40 % speelt minder van 1 uur per week;
- 40 % speelt tussen 1 en 5 uur per week;
- 20 % speelt 5 uur of meer per week.

Binnen de laatste groep, de kinderen die meer dan 5 uur per week spelen, is de verdeling als volgt:
- 8 % speelt 5 tot 7 uur per week;
- 7 % besteedt er 7 tot 10 uur per week aan;
- 4 % speelt 10–20 uur per week;
- minder 1 % van de basisschoolleerlingen speelt meer dan 20 uur per week videospelletjes.

Er is dus maar een heel klein aantal leerlingen dat extreem aan het gamen is.
Met het ouder worden neemt het gebruik toe, vooral onder jongens. Het valt verder op dat kinderen met minder hoog opgeleide ouders, alleenstaande ouders, of met een moeder met psychische problemen minder videogames spelen. De veronderstelling dat het vooral de kinderen met laag opgeleide ouders zijn die veel videogames spelen, klopt dus niet!

De angst dat het spelen van videogames slecht is voor de schoolprestaties en de geestelijke gezondheid blijkt eveneens onterecht. Er is eerder sprake van gunstige effecten, zowel op het cognitieve als het sociale functioneren. Veel – maar niet te veel – spelen van videogames gaat samen met:
- beter lezen, spellen en rekenen;
- hogere rapportcijfers.

Ook het psychische welzijn van jeugdigen die regelmatig videogames spelen, is beter. Zij hebben:
- minder ruzies met vrienden, bekenden en ouders;
- minder emotionele problemen zoals angst en somberheid;
- minder vaak gedachten aan suïcide;
- minder last van agressie.

Al met al vormt het spelen van videogames geen risicofactor, maar is het eerder een beschermende factor.

Literatuur

Ferguson, C. J. (2007). The good, the bad and the ugly. A meta-analytic review of positive and negative effects of violent videogames. *Psychiatric Quarterly, 78,* 309–331.

Kovess-Masfety, V., Keyes, K., Hamilton, A., Hanson, G., Bitfoi, A., Golitz, D., et al. (2016). Is time spent playing video games associated with mental health, cognitive and social skills in young children? *Social Psychiatry and Psychiatric Epidemiology, 51,* 349–357.

Kowert, R., Domahidia, E., Festl, R., & Quandt, T. (2014). Social gaming, lonely life? The impact of digital game play on adolescents' social circles. *Computers in Human Behavior, 36,* 385–390.

Ploeg, J. D. van der (2015). *Kijk op de Nederlandse Jeugd.* Antwerpen/Apeldoorn: Garant.

Hulp van deskundigen

17.1 Inleiding – 124

17.2 Preventie van eenzaamheid – 124

17.3 Interventies die aansluiten bij de sociale-behoeftetheorie – 125
17.3.1 Stimuleer ontmoetingen met anderen – 125
17.3.2 (Her)bouw een sociaal netwerk – 125

17.4 Cognitieve gedragsinterventies – 126
17.4.1 Onjuiste ideeën en denkbeelden veranderen – 126

17.5 Interventies vanuit de sociale-leertheorie – 127
17.5.1 Om welke sociale vaardigheden gaat het? – 127
17.5.2 Gedragstherapie – 127

17.6 Integratieve behandeling – 128

17.7 Zijn alle interventies even effectief? – 129

Literatuur – 130

© Bohn Stafleu van Loghum, onderdeel van Springer Media B.V. 2018
J. van der Ploeg, *Eenzaamheid bij jeugdigen*, DOI 10.1007/978-90-368-1953-4_17

17.1 Inleiding

Het is vaak moeilijk om te bepalen wanneer professionele hulp nodig is. Meestal proberen de ouders eerst zelf de problemen van hun kind op te lossen. Als dat niet lukt, wordt de hulp ingeroepen van deskundigen. Dan is vaak een punt bereikt waarop het probleem zo groot is geworden, dat het het dagelijks functioneren van het kind ernstig belemmert. Dat kan zich uiten in gedragingen als niet meer naar school gaan, regelmatig de orde verstoren en zich niet langer houden aan regels en gemaakte afspraken.

Hetzelfde patroon is te zien bij eenzaamheid: eerst proberen de ouders – soms samen met een leerkracht –hun kind te helpen zich minder eenzaam te voelen. Als dat niet werkt en het kind sluit zich meer en meer af voor anderen en vereenzaamt steeds verder, dan roept men alsnog de hulp in van deskundigen. Afhankelijk van de ernst van de eenzaamheid zal de geboden hulp lichter of zwaarder zijn. De ene keer volstaat de hulp van een maatschappelijk werker, de andere keer komt een psychiater in actie.

In dit hoofdstuk sta ik stil bij enkele behandelingen die kunnen worden ingezet om jeugdigen te helpen uit hun eenzaamheid te geraken. Voor een effectieve aanpak is het van groot belang te kijken naar hoe de eenzaamheid is ontstaan. Eerder is in ▶H. 3 duidelijk gemaakt dat eenzaamheid is te verklaren vanuit verschillende theoretische gezichtspunten, zoals de sociale-behoeftetheorie, de cognitieve theorie, de sociale-leertheorie en de interactionele theorie. In de volgende paragrafen ga ik na welke interventies aan de hand van deze theorieën zijn ontwikkeld en hoe effectief ze zijn.

Het zijn overigens niet alleen de professionele hulpverleners die in actie zullen komen om het probleem van de eenzaamheid op te lossen. Zoals met zoveel behandelingen is het effect ervan groter als ook ouders, leerkrachten en andere relevante personen daarin een bijdrage leveren.

Maar eerst sta ik stil bij de preventie van eenzaamheid.

17.2 Preventie van eenzaamheid

Zoals met alle problemen geldt ook hier: het is beter eenzaamheid te voorkomen dan te genezen. In de voorgaande hoofdstukken zijn talrijke factoren genoemd die de eenzaamheid bij jeugdigen in de hand werken. Zo is er gewezen op negatieve gezinskenmerken, maar ook op ongunstige persoonskenmerken die de kans op eenzaamheid vergroten. Veel van deze factoren hebben ook een positieve tegenpool. Zo kunnen ouders onderling veel ruzie maken en hun kinderen niet steunen en geen geborgenheid bieden. Maar omgekeerd geldt ook dat eensgezindheid tussen ouders en een veilig gezinsklimaat helpen om eenzaamheid te voorkomen. Zo zijn er ook gunstige persoonskenmerken als veerkracht en stabiliteit die helpen eenzaamheid te voorkomen.

Belangrijk in eenzaamheid bij kinderen voorkomen is tijdig signaleren dat kinderen dreigen te vereenzamen. Hier doet zich een probleem voor: eenzaamheid onder jeugdigen wordt vaak over het hoofd gezien. In elke tien krantenartikelen over eenzaamheid gaat het negen keer over ouderen en slechts een keer over jeugdigen. Eenzaamheid bij jeugdigen is een onderbelicht en onderschat probleem.

Onder de bevolking heerst vooral de gedachte dat jeugdigen niet echt eenzaam zijn. Ja ze voelen zich weleens alleen, maar iedere jongen en ieder meisje heeft daar weleens last van. Het hoort er in de puberteit gewoon bij als deel van de ontwikkeling.

Zelfs onder deskundigen is weinig aandacht voor eenzaamheid bij jeugdigen. In de jeugdhulpverlening wordt eenzaamheid dikwijls pas opgemerkt als er andere problemen aan het licht komen. Dan blijken agressieve of depressieve jeugdigen plots ook eenzaam te zijn. Eenzaamheid wordt weinig opgemerkt als belangrijkste probleem en meestal als bijvangst van een andere stoornis.

Wie denkt dat eenzaamheid een probleem is dat is terug te vinden in bekende diagnostische handboeken voor psychiaters zoals de DSM en ICD, moet ik teleurstellen. Daar zal men tevergeefs zoeken naar een duidelijke omschrijving van het begrip eenzaamheid. Eenzaamheid komt er wel in voor, maar dan als bijkomend verschijnsel bij onder meer sociaal angstige en depressieve jeugdigen. Eenzaamheid wordt niet gezien als een zelfstandig probleem, niet in de diagnostiek en niet in de behandeling. Dat betekent dat er op preventief gebied nog veel valt te doen.

17.3 Interventies die aansluiten bij de sociale-behoeftetheorie

Volgens deze theorie is eenzaamheid het gevolg van een gemis aan sociale contacten en relaties. Jeugdigen die er niet in slagen relaties met anderen aan te gaan (bijvoorbeeld angstige en verlegen jeugdigen), of die er niet in slagen hun relaties met anderen te handhaven (bijvoorbeeld drukke en agressieve jeugdigen), lopen het risico eenzaam te worden. Vanuit deze theorie gezien ligt het voor de hand te kiezen voor een behandeling waarbij de jeugdigen weer aansluiting krijgen bij hun leeftijdgenoten en tot relaties met anderen komen. Er zijn hier twee strategieën mogelijk. De ene behandeling is erop gericht eenzame jeugdigen uit hun isolement te halen door hen te stimuleren en te motiveren naar gelegenheden te gaan waar zij anderen ontmoeten. De andere behandeling poogt het sociale netwerk rondom eenzame jeugdigen te reactiveren of opnieuw op te bouwen. Deze beide interventies kunnen worden uitgevoerd door een maatschappelijk werk(st)er. Vaak gaan de beide interventies hand in hand.

17.3.1 Stimuleer ontmoetingen met anderen

Eenzame jeugdigen zijn vaak in een situatie terechtgekomen waarin zij weinig contacten hebben met anderen. Zij ontlopen zoveel mogelijk situaties waarin zij anderen ontmoeten. Dat gebeurt vaak uit angst om te worden afgewezen of te worden bekritiseerd.

De meest gebruikte interventie is de jeugdigen stimuleren om naar gelegenheden te gaan waarin zij anderen ontmoeten. Er wordt begonnen met situaties die niet bedreigend en mogelijk zelfs uitnodigend zijn. Vaak zijn dat situaties waarin activiteiten worden uitgevoerd en waar de nadruk meer ligt op het doen dan op het praten.

Deze benadering werd ook gekozen tijdens een psychologisch experiment waarin jongens en meisjes luisterden naar het verhaal van een eenzame jeugdige. Toen hen na afloop werd gevraagd welk advies zij deze eenzame jeugdige zouden geven, werd het meest genoemd: zoek plaatsen op waar je met anderen in contact komt.

17.3.2 (Her)bouw een sociaal netwerk

Veel voorkomende interventies zijn erop gericht om een nieuw sociaal netwerk op te bouwen rondom de jeugdige, of om een bestaand netwerk waaruit de jeugdige is weggezakt nieuw leven in te blazen.

Alvorens actie te ondernemen zal de hulpverlener zich er eerst van moeten vergewissen of er nog een sociaal netwerk bestaat en hoe dat eruitziet. Een bekende methode is om samen met de jeugdige in kaart brengen met wie hij/zij contacten onderhoudt en hoe intensief die nog zijn. Zo kan een netwerk worden getekend dat duidelijk maakt hoe de relaties zijn met ouders, leeftijdgenoten, familie, leerkrachten en anderen. Op basis daarvan wordt een plan gemaakt om de onderlinge relaties te reanimeren, te mobiliseren en zo nodig uit te breiden met nieuwe contacten. Verder zal de hulpverlener rekening houden met de behoefte van de eenzame jeugdige aan sociale contacten. Een sociaal netwerk hoeft niet groot te zijn en men hoeft elkaar niet dagelijks te zien. Als de relaties maar wederkerig en zinvol zijn. In ►H. 9 is stilgestaan bij de verschillende kenmerken van een sociaal netwerk.

17.4 Cognitieve gedragsinterventies

Van eenzame jeugdigen is bekend dat zij denkbeelden ontwikkelen of hebben ontwikkeld die vaak niet overeenkomen met de realiteit. Zo zijn eenzame jeugdigen dikwijls geneigd te denken dat anderen hen niet mogen of dat anderen hen zien als waardeloze figuren die er niet toe doen. Ze zijn vaak hypergevoelig geworden voor signalen die kunnen wijzen op afwijzing of kritiek. Naast deze selectieve aandacht speelt ook mee dat de eenzame jeugdige de werkelijkheid vaak vertekend waarneemt en niet ziet wat er werkelijk plaatsvindt. Zo ontwikkelen zij allerlei vooroordelen en hebben zij alleen maar oog voor de gebeurtenissen en ervaringen die deze onjuiste denkbeelden bevestigen. De vooroordelen en foute denkbeelden worden opgeslagen in het geheugen en werken door in redenaties, oordelen en oplossingen voor problemen.

17.4.1 Onjuiste ideeën en denkbeelden veranderen

Stap 1
Breng de onjuiste gedachten ter tafel met vragen als:
- Welke gedachten en gevoelens heb je als je je eenzaam voelt?
- Hoe verklaar je dat?

Stap 2
Maak de jeugdige bewust van irreële denkbeelden die regelmatig en automatisch opduiken, zoals: ik ben niet zo goed als anderen, alles wat ik doe is waardeloos, het leven heeft alle glans verloren.

Stap 3
Ga samen met de jeugdige na:
- hoe vaak is gebleken dat de denkbeelden juist waren en waaruit dat dan bleek;
- hoe vaak het tegendeel waar bleek te zijn;
- of in het verleden alle pogingen om relaties aan te gaan met anderen mislukten, of dat er soms ook succes was.

Verzamel samen met de jeugdige 'bewijs' voor de onjuistheid van zijn/haar denkbeelden. Help de jeugdige positieve gebeurtenissen te onderkennen en daar blij mee te zijn.

Stap 4

Help de jeugdige inzien dat:
- zijn/haar denkpatronen niet kloppen;
- er veelal sprake is van een neiging tot zwart-witdenken;
- er te gemakkelijk wordt gegeneraliseerd;
- er sprake is van selectieve waarneming.

De behandeling vindt vaak op individueel niveau plaats, waarbij de behandelaar (psycholoog of psychiater) de jeugdige een of twee maal per week ziet.

17.5 Interventies vanuit de sociale-leertheorie

Deze theorie beschouwt gedrag vooral als geleerd gedrag. Eenzaamheid wordt gezien als het gevolg van ontbrekende gedragingen die noodzakelijk zijn in het sociale verkeer. Die sociale vaardigheden zijn niet geleerd en dat dient alsnog te gebeuren. Om iemand te helpen zich die vaardigheden eigen te maken heeft de sociale-leertheorie meerdere technieken ontwikkeld. In deze paragraaf komt eerst aan de orde om welke sociale vaardigheden het gaat. Daarna ga ik in op de wijze waarop jeugdigen leren zich die vaardigheden eigen te maken.

17.5.1 Om welke sociale vaardigheden gaat het?

Als tijdens de opvoeding de sociale vaardigheden onvoldoende worden ontwikkeld, brengt dat problemen met zich mee. Ook en vooral in de contacten met leeftijdgenoten kan dat tot eenzaamheid leiden. De interventies bij eenzame jeugdigen zijn erop gericht hen meer sociale vaardigheden bij te brengen. Meer in het bijzonder gaat het om vaardigheden als:
- relaties opbouwen en onderhouden (een gesprek kunnen beginnen en gaande houden, vragen durven stellen, samenwerken met anderen, oogcontact kunnen maken, vrienden maken);
- oog hebben voor non-verbale uitingen van anderen (gezichtsuitdrukkingen en lichaamshoudingen herkennen en juist interpreteren);
- zich kunnen verplaatsen in de ander (de ander aanvoelen, begrijpen wat de ander beweegt);
- emoties bij anderen herkennen (zien dat een ander verdriet heeft, boos is, opgewonden is);
- de eigen emoties beheersen (je niet ongeremd laten gelden, niet bij het minste of geringste kwaad worden).

Deze vaardigheden worden door deskundigen getraind in gerichte cursussen. Vaardigheidstrainingen vinden wekelijks plaats, meestal in groepsverband.

17.5.2 Gedragstherapie

Binnen de gedragstherapie zijn technieken ontwikkeld om mensen het gewenste gedrag bij te brengen. Dat kan betrekking hebben op nieuw gedrag aanleren, maar ook op ongewenst gedrag afleren. Bij eenzame jeugdigen ontbreekt het niet alleen aan de benodigde sociale vaardigheden, maar is er ook vaak sprake van ongewenst gedrag. Zij gedragen zich in onderlinge contacten te angstig of te heftig en doorzien dikwijls niet de situatie waarin zij verkeren.

Om het gedrag van jeugdigen te veranderen – ook het gedrag van eenzame jeugdigen – beschikt de gedragstherapie over twee technieken: belonen en modeling.

Belonen

Het principe van belonen als techniek om gedrag te veranderen houdt in dat positieve gedragingen beloond worden en dat negatief gedrag eerder wordt genegeerd dan bestraft. Deze strategie wordt niet alleen door professionals gehanteerd in sociale vaardigheidstrainingen, maar kan ook prima worden toegepast door ouders en leerkrachten.

Ik geef een voorbeeld.

Wanneer jeugdigen die zich erg eenzaam voelen toch naar een schoolavond zijn gegaan hoewel zij daar erg tegen op zagen, krijgen zij waarderende woorden te horen van hun ouders. Zo kunnen alle gedragingen waarbij een jeugdige toenadering zoekt tot anderen aangemoedigd en beloond worden met woorden of door iets te doen waar de jeugdige blij van wordt.

Door dit principe consequent uit te voeren leidt dat uiteindelijk tot het gewenste gedrag. Dat leidt ertoe dat jeugdigen contact blijven zoeken, vaker achter hun computer vandaan komen en niet direct het hoofd laten hangen als de uitnodiging voor een feestje van klasgenoten aan hen voorbijgaat.

Modeling

Een tweede belangrijke techniek om gedrag te veranderen is *modeling*. Dat houdt in dat eenzame jeugdigen via een video of film uiteenlopende situaties te zien krijgen die tonen hoe je met anderen omgaat, met elkaar communiceert, een gesprek begint enzovoort. Zo kunnen allerlei situaties waarmee jeugdigen niet goed omgaan in beeld worden gebracht. Na het zien van de filmbeelden vinden er gesprekken plaats en daarna worden de situaties nagespeeld. De nagespeelde situaties kunnen worden opgenomen, zodat de jeugdigen samen hun eigen gedragingen onder de loep kunnen nemen.

Ook in de opvoeding kan het principe van modeling worden toegepast. Ouders zijn voor kinderen de modellen naar wie zij kijken en van wie zij gedragingen overnemen. Ouders die bijvoorbeeld geen contacten onderhouden met familie of buren, zijn voor hun kinderen slechte voorbeelden. Dat geldt ook voor passieve ouders die nooit uit hun stoel komen en voortdurend voor de buis hangen of achter hun PC zitten. Hun kinderen leren zo niet hoe je contacten legt, met elkaar omgaat en elkaar helpt. Ook steeds ruziënde ouders geven een slecht voorbeeld.

Dat is anders in gezinnen waar de ouders weinig ruzie maken, regelmatig mensen over de vloer krijgen, die worden begroet, met wie wordt gepraat, aan wie advies wordt gegeven of om hulp wordt gevraagd, met wie afspraken worden gemaakt. In zo'n omgeving leren kinderen van hun ouders hoe je met elkaar omgaat. De ouders staan model.

17.6 Integratieve behandeling

Eenzaamheid is zelden het gevolg van één factor. Vrijwel altijd zijn er meer factoren in het spel. Zo kan het lijken alsof de afwijzing door leeftijdgenoten de enige oorzaak is van de eenzaamheid, maar meestal is er meer aan de hand. Het kan bijvoorbeeld blijken dat de jeugdigen een slechte band hebben met hun ouders. Het kan ook zijn dat de jeugdigen erg angstig of te druk zijn. Verder kan de eenzaamheid worden veroorzaakt door het overlijden van een dierbaar iemand.

Afhankelijk van de situatie waarin de eenzame jeugdige verkeert, wordt gekozen voor een bepaalde behandeling. Omdat vaak blijkt dat er meer aan de hand is dan alleen het ontbreken van een sociaal netwerk, een gebrek aan sociale vaardigheden, of de aanwezigheid van onjuiste denkbeelden, zal er dikwijls voor worden gekozen tegelijkertijd meerdere behandelingen plaats te laten vinden.

Een integratieve behandeling houdt ook in dat de omgeving van de eenzame jeugdige onder de loep wordt genomen en zo nodig in de behandeling wordt betrokken. Soms kan het belangrijker zijn niet de eenzame maar de omgeving te veranderen. Dat kan inhouden: werken aan verbetering van het opvoedgedrag van de ouders, maar het kan ook betekenen dat de school wordt ingeschakeld. Op de rol van de ouders en de leerkrachten komen we uitvoerig terug in ▶H. 18.

17.7 Zijn alle interventies even effectief?

Er zijn de laatste jaren enkele meta-analyses uitgevoerd om te bepalen welke interventies het meest succesvol zijn in het behandelen van eenzaamheid. Ik wijs op de toonaangevende meta-analyse van Masi et al. (2011). Zij onderzochten de volgende vier interventies om de eenzaamheid te verminderen:
- verbeteren van sociale vaardigheden;
- versterken van social support;
- scheppen van meer gelegenheden voor sociaal contact;
- foute denkbeelden (cognities) aanpakken.

De onderzoekers gingen niet over één nacht ijs en onderzochten alle relevante publicaties over eenzaamheid die tussen 1970 en 2009 zijn verschenen. Dat zijn bijna duizend artikelen, waarvan uiteindelijk minder dan 10 % overbleef dat aan alle criteria van goed onderzoek voldeed. De analyse leidde tot de conclusie dat de behandeling van eenzamen met cognitieve gedragstherapie het meest succesvol was. Een paar jaar laten kwamen Caciappo et al. (2015) tot eenzelfde conclusie.

Tot slot merk ik op dat de hier genoemde behandelingen niet de enigen zijn om eenzame jeugdigen te helpen. Eenzame jeugdigen worden ook vanuit andere invalshoeken behandeld. Ik wijs op de psychodynamische benadering, waarbij wordt gewerkt aan versterking van de veerkracht van eenzame jeugdigen en de ontwikkeling van adequate copingstrategieën om met de eenzaamheid om te gaan. Verder noem ik de rogeriaanse therapie, waarbij het accent ligt op vergroting van het zelfvertrouwen van de eenzame jeugdige. Ook speltherapie en creatieve therapie worden gebruikt om het gevoel van eigenwaarde bij eenzame jeugdigen te versterken.

Naast deze interventies om op individueel niveau eenzame jeugdigen te helpen, vinden er ook behandelingen plaats op groepsniveau. Dat zijn interventies die erop zijn gericht om de situatie van eenzame jeugdigen in het gezin, op school of in de vrijetijdsbesteding te verbeteren. Dat kan inhouden dat het hele gezin bij de behandeling van de eenzame jeugdige wordt betrokken.

Ook de school kan door de professionele hulpverlener worden benaderd met de vraag meer aandacht te besteden aan de positie van de eenzame leerling en mee te werken aan de oplossing van het probleem.

De hulpverlener kan nog een stapje verder gaan door na te gaan of er binnen een vrijetijdsclub waarvan de jeugdige lid is mensen zijn te mobiliseren die de eenzame jeugdige kunnen helpen volwaardig mee te doen.

Literatuur

Cacioppo, S., Grippo, A. J., London, S., Goossens, L., & Cacioppo, J. T. (2015). Loneliness: Clinical import and interventions. *Perspectives on Psychological Science, 10,* 238–249.

Masi, C. M., Chen, H. -Y., Hawkley, L. C., & Cacioppo, J. T. (2011). A meta-analysis of interventions to reduce loneliness. *Personality and Social Psychology Review, 15,* 219–266.

Hoe ouders en leerkrachten kunnen helpen

18.1 Inleiding – 132

18.2 De relatie tussen eenzaamheid en ouders/gezin – 132
18.2.1 Eenzame jeugdigen hebben vaak eenzame ouders – 132
18.2.2 Eenzame jeugdigen leven vaak in een problematisch gezin – 133
18.2.3 Eenzame jeugdigen leven vaak in gezinnen zonder onderlinge band – 133
18.2.4 Eenzame jeugdigen leven vaak in gezinnen met ruziënde ouders – 133
18.2.5 Kanttekeningen – 133

18.3 Adviezen aan ouders van eenzame jeugdigen – 134
18.3.1 Preventief (de eenzaamheid is er nog niet) – 134
18.3.2 Curatief (de eenzaamheid is er al) – 134

18.4 Adviezen aan leerkrachten van eenzame leerlingen – 135
18.4.1 Preventief – 135
18.4.2 Curatief – 136

18.5 Tot slot – 137

Literatuur – 137

18.1 Inleiding

In het leven van jeugdigen spelen de ouders een centrale rol. Zij zijn sterk bepalend voor de manier waarop de kinderen zich ontwikkelen. Meestal verloopt deze ontwikkeling positief. Maar ook als dat niet het geval is en er problemen ontstaan, blijven de ouders de meest nabije personen. Zelfs als de problemen zo ernstig zijn, dat hulp van deskundigen nodig is. Het ligt daarom voor de hand om de ouders zoveel mogelijk bij de oplossing van die problemen te betrekken. Dat geldt ook voor een probleem als eenzaamheid.

De school is het tweede belangrijke terrein waarop de ontwikkeling van jeugdigen plaatsvindt. Dat betreft vooral de cognitieve ontwikkeling, maar ook de sociale en emotionele kanten komen op school tot bloei. De leerkracht is voor leerlingen een centrale persoon – vooral in het basisonderwijs – die niet alleen oog heeft voor de leerprestaties maar ook voor het gedrag op school. Als zich binnen en/of buiten school gedragsproblemen voordoen – zoals eenzaamheid – waarbij hulp van deskundigen nodig is, wordt vaak bezien in hoeverre het zin heeft om naast de ouders ook de leerkrachten bij de aanpak te betrekken.

Meestal voelen eenzame jeugdigen zich thuis en op school eenzaam. Maar het komt ook voor dat jeugdigen zich alleen op school eenzaam en buiten gesloten voelen, maar thuis dat gevoel absoluut niet hebben. Het omgekeerde waarbij kinderen zich thuis eenzaam en onbegrepen voelen, en het op school erg naar hun zin hebben en zich daar allesbehalve eenzaam voelen, komt ook voor.

Het meest problematisch zijn de jeugdigen die zich zowel thuis als op school eenzaam voelen. Ook dan zijn ouders en leerkrachten sleutelfiguren die een belangrijke rol kunnen spelen in het zoeken naar en werken aan oplossingen.

18.2 De relatie tussen eenzaamheid en ouders/gezin

Eenzaamheid komt niet zomaar uit de lucht vallen. Niet zelden ligt de oorzaak bij de ouders. Hun invloed is groot, heel groot. Onderzoek naar eenzaamheid heeft zich daarom ook gericht op een mogelijke verband tussen het gezin en eenzaamheid. Deze onderzoeken hebben belangrijke informatie opgeleverd. Ik geef hier de belangrijkste onderzoeksbevindingen weer. Daarmee laat ik ook zien op welke punten ouders hun gedrag moeten wijzigen om de eenzaamheid van hun kinderen te verhelpen.

18.2.1 Eenzame jeugdigen hebben vaak eenzame ouders

Het blijkt dat eenzame jeugdigen vaak ouders hebben die zelf ook een tamelijk eenzaam leven leiden. Zij hebben weinig tot geen vrienden en bekenden. Ook met de buren is nauwelijks contact. De ouders van eenzame jeugdigen zijn beducht voor contact met anderen en ontplooien op dat punt geen initiatieven. Niet zelden spelen zich in het gezin zaken af die de ouders graag binnenskamers houden zoals heftige ruzies en mishandeling.

Het gevolg is dat er weinig mensen over de vloer komen en dat de kinderen thuis weinig nieuwe gezichten te zien krijgen. Het mijden van contacten en de angst voor nieuwe relaties is een gedragspatroon dat dikwijls door de kinderen wordt overgenomen. Zij leren van hun ouders niet hoe je je in het intermenselijke verkeer behoort te gedragen. Integendeel zij leren vooral zich afzijdig te houden en zo weinig mogelijk nieuwe contacten te leggen. Oude contacten nieuw leven inblazen vindt evenmin plaats.

Geheel in lijn met het gedrag van hun ouders ontwikkelen de jeugdigen eveneens een negatieve houding tegenover anderen. Van de ander valt niet veel goeds te verwachten en hij/zij kan je mogelijk in problemen brengen.

18.2.2 Eenzame jeugdigen leven vaak in een problematisch gezin

Onder normale omstandigheden zorgen ouders voor een omgeving waarbinnen het kind zich veilig voelt en van waaruit het zijn omgeving kan verkennen. Waar die geborgenheid in het gezin echter ontbreekt, zullen kinderen zich niet kunnen hechten aan hun ouders. Zij voelen zich niet beschermd en hebben angst om hun omgeving te onderzoeken. Zij hebben moeite om contact te maken met andere kinderen en zijn geneigd op zichzelf te blijven.

Ook in gezinnen waarin de ouders nalaten hun kinderen aan te moedigen de buitenwereld te verkennen en met andere kinderen te spelen, raken kinderen geremd om contact te maken met leeftijdgenoten. Datzelfde geldt voor gezinnen waarbinnen de kinderen worden overbeschermd. Op het oog lijken deze ouders hun kind met veel zorg op te voeden, maar is er sprake van overbezorgdheid. Deze ouders nemen de kinderen zoveel uit handen en laten hen zo weinig zelf hun omgeving onderzoeken, dat zij moeite hebben zich aan te sluiten bij andere kinderen.

18.2.3 Eenzame jeugdigen leven vaak in gezinnen zonder onderlinge band

Wetenschappelijk onderzoek heeft vastgesteld dat eenzame kinderen nogal eens opgroeien in gezinnen waarbinnen geen gevoel van onderlinge verbondenheid heerst. Iedereen gaat zijn eigen gang. Het gevoel van bij elkaar horen ontbreekt. Er is geen gezamenlijke fundament waar het gezinsleven op rust. Ieder gezinslid leeft op zichzelf, zonder rekening te houden met de andere leden van het gezin. Steun heeft men nauwelijks aan elkaar en ieder lost zijn eigen problemen op. In een dergelijk gezin kan gemakkelijk het gevoel groeien er alleen voor te staan en kunnen bij het kind gevoelens van eenzaamheid postvatten.

18.2.4 Eenzame jeugdigen leven vaak in gezinnen met ruziënde ouders

Aanhoudende ruzies en heftige conflicten tussen ouders vormen een bedreiging voor kinderen. Kinderen voelen zich angstig en onveilig. In plaats van steun en zekerheid te ervaren krijgen zij het gevoel in de steek te zijn gelaten. Dat maakt kinderen kwetsbaar voor problemen zoals angst, depressie, piekeren, zich terugtrekken en eenzaamheid. Voortdurend ruziënde ouders geven bovendien een slecht voorbeeld. Zij leren hun kinderen niet hoe je met elkaar behoort om te gaan en hoe je conflicten oplost.

18.2.5 Kanttekeningen

Ik maak bij deze oorzaken de volgende kanttekeningen:
1. De genoemde gezinsproblemen bevorderen niet alleen eenzaamheid bij kinderen. Zij kunnen ook andere problemen veroorzaken.

2. De gevoelens van eenzaamheid ten gevolge van problemen in het gezin kunnen lang nawerken. Zo liet ontwikkelingspsycholoog Durell Johnson (2011) eerste- en tweedejaarsstudenten terugkijken op hun gezinssituatie. Het bleek dat eenzame studenten significant meer melding maken van veel ouderlijke conflicten en weinig gezinscohesie.
3. Kinderen kunnen ondanks de positieve bemoeienis van de ouders toch eenzaam worden. Denk aan risicokinderen zoals kinderen met ADHD of autisme, aan kinderen met negatieve ervaringen buitenshuis en aan kinderen met een achterstand zoals een handicap of een beperking.
4. De genoemde gezinsproblemen vormen mogelijk een belangrijke aanzet voor een effectieve hulpverlening. De eenzaamheid kan worden verminderd en mogelijk opgelost door:
   a. het gezin te stimuleren contacten te leggen en te onderhouden met buren, vrienden en familie;
   b. te bevorderen dat kinderen in het gezin meer geborgenheid en bescherming krijgen;
   c. te zorgen voor een onderlinge band tussen kinderen onderling en met de ouders;
   d. ouders zover te brengen dat zij niet voortdurend ruzie met elkaar maken.

Deze belangrijke stappen in de hulpverlening aan eenzame jeugdigen kunnen ervoor zorgen dat deze kinderen weerbaarder worden, meer zelfvertrouwen krijgen en leren zich sociaal te gedragen.

18.3 Adviezen aan ouders van eenzame jeugdigen

De in voorgaande paragraaf genoemde gevaren die kunnen bevorderen dat kinderen eenzaam worden, vormen voor de hulpverlener evenzoveel aanknopingspunten om het probleem van de eenzaamheid aan te pakken. Ook ouders kunnen de genoemde punten aangrijpen om de eenzaamheid van hun kind te verminderen (Ploeg 2007, 2011).

18.3.1 Preventief (de eenzaamheid is er nog niet)

Het beste is nog altijd eenzaamheid te voorkomen en tijdig in de gaten te hebben dat een kind dreigt te vereenzamen. Via eigen waarnemingen en terloopse gesprekken met hun kind kunnen ouders meer zicht krijgen op het gedrag van hun kind buiten het gezin. Wees als ouder alert als je ziet dat je kind:
- geen leeftijdgenoten heeft om mee te spelen;
- niet betrokken wordt bij allerlei activiteiten;
- met andere eenzame jeugdigen optrekt;
- geen vrienden heeft;
- zich terugtrekt en afsluit voorde omgeving.

18.3.2 Curatief (de eenzaamheid is er al)

Als er signalen zijn dat hun kind eenzaam is, kunnen ouders daar wat aan doen. Zij kunnen een belangrijke bijdrage leveren door:
- te bevorderen dat andere kinderen over de vloer komen (bijvoorbeeld bij verjaardagen);
- te stimuleren klasgenoten mee naar huis te nemen om mee te spelen of te gamen;

- andere kinderen mee te nemen naar een speeltuin, pretpark of een museum;
- te stimuleren deel te nemen aan groepsactiviteiten via sport, spel of muziek;
- attent te zijn op mogelijkheden die zich voordoen om andere kinderen uit te nodigen;
- zich als mental coach te gedragen:
  - praat met het kind over ervaringen van eenzaamheid;
  - voorkom dat het kind passief en verdrietig in een hoekje kruipt;
  - praat met het kind op de momenten dat het zich eenzaam, verdrietig of ongelukkig voelt;
  - geef het kind de ruimte om zijn emoties te uiten;
  - wees en blijf alert op gebeurtenissen die wijzen op eenzaamheid en doe daar vervolgens wat aan zonder het kind te forceren;
  - laat het kind voelen dat het zich onvoorwaardelijk gesteund mag weten door zijn ouders.

Ouders moeten overigens goed in de gaten te houden dat er geen 'vriendjes' in huis komen die alleen maar willen profiteren van het eenzame kind en hem terloops zijn pokemonkaarten of postzegels ontfutselen. Eenzame kinderen laten dat vaak toe om op die manier vriendjes te lokken.

18.4 Adviezen aan leerkrachten van eenzame leerlingen

De leerkracht maakt de jeugdigen dagelijks mee en kan daarom een belangrijke sleutelfiguur zijn in zowel het voorkomen als in het verhelpen van eenzaamheid. Vooral in het basisonderwijs kan de leerkracht de ontwikkeling van de leerlingen goed volgen en zo nodig bijsturen. In de praktijk betekent het volgen van leerlingen echter meestal het volgen van de leerprestaties en niet van het gedrag. Het gedrag krijgt pas aandacht als het de lessen verstoort.

Scholen hebben in het algemeen weinig oog voor de sociale en emotionele ontwikkeling van hun leerlingen. Eenzame leerlingen worden gemakkelijk over het hoofd gezien. We beschikken niet over cijfers die laten zien hoe het op scholen in Nederland is gesteld met de aandacht voor eenzame leerlingen, maar onderzoek in het buitenland van onder meer Galanaki (2004) stemt niet optimistisch. Daar blijkt dat slechts een op de drie leerkrachten kan aangeven welke leerlingen eenzaam zijn. Op de vraag of leerkrachten zich ook in staat achten om eenzame kinderen te helpen, antwoordt de helft dat zij zich daartoe niet bekwaam genoeg voelen. Slechts een klein aantal van hen zou de moeite willen nemen om zich via een cursus of een training te laten voorlichten over hoe eenzame leerlingen zijn te helpen. Kortom de aandacht voor eenzame leerlingen en de animo om iets aan hun eenzaamheid te doen is niet groot, zeg maar gering.

Toch kunnen leerkrachten eenzame leerlingen wel degelijk helpen. Dat geldt vooral voor leerkrachten op de basisscholen.

18.4.1 Preventief

Om vroegtijdig leerlingen op het spoor te komen die eenzaam dreigen te worden of het mogelijk al zijn, kunnen leerkrachten letten op leerlingen:
- die veel alleen zijn;
- met wie niemand wil spelen;

- die verdrietig en passief zijn;
- die zich opvallend angstig en onzeker gedragen;
- die zich herhaaldelijk laten afbluffen door andere leerlingen.

Dit vergt van de leerkracht dat hij oog heeft voor wat er in de klas en op het schoolplein gebeurt. Dat is niet wat de leerkracht primair als zijn taak ziet. Hij is vooral gefocust op les geven en bevorderen dat leerlingen goede schoolprestaties leveren.

Toch lijkt het erop dat de laatste jaren zowel in de opleiding als in de praktijk leerkrachten leren meer aandacht te schenken aan het gedrag van hun leerlingen. Tegelijkertijd doet zich het probleem voor dat de scholen de laatste jaren kampen met een gebrek aan leerkrachten. Dat zorgt voor extra druk op het werk van de leerkrachten.

18.4.2 Curatief

Leerkrachten die vaststellen dat een van hun leerlingen eenzaam is, kunnen met het betreffende kind in gesprek zien te komen, niet alleen over zijn eenzaamheid, maar ook over bijvoorbeeld zijn interesses of hobby's. De bedoeling van het gesprek is het kind te laten te voelen dat het erbij hoort en dat het in de klas een bondgenoot heeft op wie het kan rekenen. Verder kan de leerkracht het eenzame kind aanhoren en geruststellen, maar ook bemoedigen en tot ander gedrag bewegen; bijvoorbeeld zich minder terugtrekken of zich minder onbeheerst gedragen.

Maar een leerkracht kan meer doen, zoals:
- groepsactiviteiten organiseren waaraan het eenzame kind ook meedoet, zoals toneel, sport en muziek;
- het eenzame kind naast een ander kind plaatsen bij wie het mogelijk meer aansluiting kan vinden;
- het eenzame kind in een ander subgroepje plaatsen waar het mogelijk wel aansluiting vindt;
- leerlingen onopvallend stimuleren om met het eenzame kind te spelen.

De laatste jaren streven scholen meer en meer naar een positief en open klasklimaat. Daarvoor zijn er vaak regels over de omgang met elkaar die door leerlingen en leerkracht samen zijn opgesteld. In dergelijke klassen of groepen praten leerkracht en leerlingen ook regelmatig met elkaar over relevante sociale kwesties zoals racisme en geweld, maar ook over zaken als cyberpesten. Binnen zo'n klasklimaat is ook een gesprek over eenzaamheid goed te voeren. Dat zal het eenzame kind niet meteen uit zijn ongelukkige positie bevrijden, maar het kan wel tot gevolg hebben dat de leerlingen zich meer bewust worden van wat eenzaamheid met je kan doen.

Soms is de sfeer zodanig, dat de leerkracht apart met enkele leerlingen kan praten over hoe om te gaan met het eenzame kind in de klas. Hier is echter voorzichtigheid geboden, omdat het ook averechts kan werken waardoor het eenzame kind wordt gestigmatiseerd en nog eenzamer wordt.

Alle leerlingen maar vooral eenzame leerlingen zijn het meest gebaat bij een sensitieve, ondersteunende leerkracht die niet alleen oog heeft voor de leerprestaties maar ook voor de sociale en emotionele ontwikkeling van zijn leerlingen.

18.5 Tot slot

De wijze waarop ouders en leerkrachten worden betrokken bij het probleem van het eenzame kind, kan van geval tot geval verschillen. Meestal heeft de hulpverlener de regie en bepaalt hij in hoeverre ouders en leerkrachten een rol van betekenis kunnen vervullen.

Als het probleem zich alleen op school voordoet, wordt de rol van de leerkracht groter. Die zal in dat geval contact opnemen met de ouders om daarna gezamenlijk te bezien wat er kan worden gedaan.

Doet het probleem zich alleen thuis voor, dan zullen de ouders daar een oplossing voor moeten kiezen. Wanneer zij daar niet in slagen, komt de hulpverlening in actie.

Is het kind zowel thuis als op school eenzaam, dan vergt dat zowel van ouders als leerkrachten een bijdrage. De omvang en de inhoud van die bijdrage kan per situatie verschillen. Ook hier zal hulp van deskundigen pas worden ingeschakeld als ouders en leerkrachten er niet uitkomen.

In de praktijk blijkt vaak dat eenzaamheid zelden wordt gesignaleerd als zelfstandig probleem. Vrijwel altijd komt het pas aan de orde – als het al aan de orde komt – wanneer zich andere problemen voordoen, zoals agressief gedrag (spijbelen, vechten) of depressiviteit en suïcidaliteit. Dat is jammer: indien de eenzaamheid eerder was opgemerkt, hadden ernstiger problemen wellicht voorkomen kunnen worden.

Literatuur

Durell Johnson, H. D., Lavoie, J. C., & Mahoney, M. (2001). Interparental conflict and family cohesion. *Journal of Adolescent Research, 16,* 304–318.

Galanaki, E. (2004). Teachers and loneliness. The Children's Perspective. *School Psychology International, 25,* 92–105.

Ploeg, J. D. van der (2007). *Kinderen (z)onder vrienden.* Rotterdam: Lemniscaat.

Ploeg, J. D. van der (2011). *De sociale ontwikkeling van het schoolkind.* Houten: Bohn Stafleu van Loghum.

Bijlagen

Bijlage 1: Korte typeringen van de samenleving – 140

Bijlage 2: Items gereviseerde UCLA-eenzaamheidsschaal – 144

Bijlage 3: Items Eenzaamheidsschaal van De Jong-Gierveld – 146

Bijlage 4: Persoonlijkheidsfactoren en eenzaamheid – 148

Bijlage 5: Bepaling van het sociale netwerk – 150

Bijlage 6: Bewerking van de Perceived Social Support Questionnaire (PSSQ) van Kliem (2015) – 152

Bijlage 7: Interventieprogramma van Olweus – 154

Geraadpleegde literatuur – 157

Register – 160

© Bohn Stafleu van Loghum, onderdeel van Springer Media B.V. 2018
J. van der Ploeg, *Eenzaamheid bij jeugdigen*, DOI 10.1007/978-90-368-1953-4

Bijlage 1: Korte typeringen van de samenleving

De technologische samenleving

Van alle ontwikkelingen is deze wel de meest ingrijpende. De onderlinge communicatiemogelijkheden en -middelen zijn drastisch veranderd. Men communiceert nu even gemakkelijk met de buurman als met een inwoner van Nieuw-Zeeland. Ook de uitwisseling van informatie verloopt sneller en efficiënter. De internationalisering neemt toe.

Vooral voor het bedrijfsleven betekent de technologische ontwikkeling een enorme verandering. De nieuwe mogelijkheden vragen werknemers met andere kwaliteiten. Het voert tevens tot andere werkwijzen waarbij werknemers steeds meer thuis hun werk doen. Ook in het onderwijs speelt de computer een dominante rol. En op persoonlijk niveau vindt veel en steeds meer communicatie plaats via nieuwe apparatuur.

Ook de wijze waarop jeugdigen met elkaar omgaan, verandert drastisch. Maar er doemen ook vragen op. Werkt bijvoorbeeld de elektronische communicatie tussen jongeren isolementverlagend of juist isolementverhogend? Gaan jeugdigen gebukt onder een overload aan informatie, of stimuleert het hen?

Sommige wetenschappers denken dat de samenleving dankzij de technologische ontwikkelingen er geheel anders gaat uitzien, met andere gezinstypen, andere manieren van leven, andere economieën en andere politieke conflicten (Toffler 1980).

De prestatiemaatschappij of competitieve samenleving

Wie in de samenleving mee wil tellen en vooruit wil komen, moet prestaties neerzetten. Diploma's en opleidingen worden steeds belangrijker. De druk om prestaties te leveren (op school en op het werk) beperkt zich niet alleen tot het individu, maar geldt ook voor instellingen en bedrijven. Zij worden in toenemende mate afgerekend op hun prestaties.

Het gevaar dreigt dat het leveren van prestaties wordt overgewaardeerd. Daarmee groeit het risico dat jeugdigen die om allerlei redenen niet zo goed kunnen presteren buiten de boot vallen. Denk bijvoorbeeld aan jeugdigen met een handicap, jeugdigen die in een ongunstige (achterstands)situatie verkeren en aan jeugdigen met beperkte verstandelijke vermogens.

De consumptiemaatschappij

De samenleving is steeds meer gericht op consumeren. Dat geldt in de eerste plaats voor eten en drinken. Het aantal openbare gelegenheden (cafés, restaurants, disco's e.d.) heeft zich de laatste decennia sterk uitgebreid. Consumeren heeft echter ook betrekking op het met grote hoeveelheden innemen van immateriële zaken zoals nieuws en informatie. Het leven wordt er intenser, spannender en aangenamer door.

Hier dreigt een passieve houding te ontstaan. De mens wil bediend of vermaakt te worden. Jeugdigen lijken zich vooral in te spannen om te consumeren en consumeren niet om zich in te spannen.

De geïndividualiseerde samenleving

Waar men zich in het verleden nog bekommerde om het wel en wee van de buurman, raakt men vandaag meer en meer in de ban van zichzelf. Ieder individu poogt zichzelf optimaal te ontplooien. In deze ontwikkeling schuilt het gevaar dat de sterk overtrokken aandacht voor het eigen ik ertoe leidt dat er weinig of geen rekening wordt gehouden met anderen. Dat kan bijvoorbeeld tot gevolg hebben dat de ouders meer met hun eigen carrière bezig zijn dan met de opvoeding van hun kinderen. Een samenleving waarin iedereen gefocust is op zijn eigen belang, treft vooral de minst bedeelden en minst weerbaren. Het zijn de zwakkere jeugdigen die de dupe worden van een dergelijke ontwikkeling.

De gefragmenteerde samenleving

In het verlengde van de geïndividualiseerde samenleving ligt de gefragmentariseerde samenleving. Daarin wordt in toenemende mate zichtbaar dat in allerlei sectoren de aandacht beperkt blijft tot de eigen sector. Het gevaar dreigt dat de specifieke aandacht voor een bepaald deel of aspect van de samenleving tot verkokering leidt. De ene sector weet niet wat er in de ander sector gebeurt. Illustratief is de verkokering in de jeugdzorg, waar het dikwijls ontbreekt aan samenwerking en elke sector (ambulant, residentieel, daghulp en gezinsbegeleiding) een apart eiland vormt. Men ziet alleen het belang van de eigen toko of sector. Het risico is groot dat de samenleving uiteenvalt in losse verbanden die de oplossing van allerlei gemeenschappelijke problemen vertragen en bemoeilijken.

De rationele samenleving

De dominantie van de ratio lijkt geen grenzen te kennen. Allerlei problemen, variërend van verkeersproblemen tot organisatorische problemen, tracht men zoveel mogelijk rationeel op te lossen met de kennis die voorhanden is. Dat gebeurt niet alleen op macroniveau (hoe tackelen we het fileprobleem), maar ook op microniveau (hoe kunnen we de medewerkers in een organisatie optimaal laten functioneren en samenwerken).

Een overwaardering van de ratio heeft tot gevolg dat de samenleving steeds meer zaken zwart op wit wil vastleggen. Dat leidt mogelijk tot een maatschappij waarin de burger verdwaalt in een woud van voorschriften, formulieren en regels. Het gevaar van inefficiëntie en rigiditeit dreigt. In een te rationele samenleving zal ook het menselijke aspect op de achtergrond raken en zullen de onderlinge verhoudingen meer en meer verzakelijken.

De flexibele samenleving

De eenduidigheid in de samenleving heeft plaatsgemaakt voor veelkleurigheid. Was het destijds een keuze tussen het een of het ander, nu zijn er veel meer keuzemogelijkheden. De toegenomen differentiatie is op talrijke terreinen zichtbaar. Zo bestaat niet langer alleen het klassieke gezin met een (werkende) vader plus een (thuis voor de kinderen zorgende) moeder, maar zijn er verschillende alternatieve gezinstypen ontstaan. Verder zien we in de politiek een differentiëring optreden. Links en rechts zijn niet meer zo simpel van elkaar te onderscheiden.

Het verlies aan eenduidigheid heeft de samenleving niet alleen een stuk aantrekkelijker maar ook heel wat moeilijker gemaakt. Problemen kennen meer oplossingen. Zo is er bijvoorbeeld niet langer één therapie voor een bepaald probleem en is er evenmin één keuze bij het bestrijden van de werkloosheid.

Het gevaar is dat flexibiliteit sluipenderwijs kan overgaan in neutraliteit, opportunisme of in een 'alles-moet-kunnenhouding'. Zo kan flexibiliteit in de opvoeding leiden tot het achterwege laten van grenzen stellen en het in de hand werken van onduidelijke normen en waarden. Vandaag is het zus, morgen is het zo.

De uitsluitende of exclusieve maatschappij

Tot voor kort gaf de samenleving zich veel moeite om mensen die buiten de boot dreigden te vallen binnen boord te houden Zo'n samenleving wordt ook wel omschreven als *inclusive society* (Young 1999). Een dergelijke samenleving (verzorgingsstaat) poogde afwijkende mensen zoveel mogelijk binnen de samenleving te houden, ook al was dat aan de periferie. De laatste jaren is er echter een verschuiving merkbaar naar een samenleving die mensen buitensluit. De samenleving voelt zich bedreigd door mensen die uit de pas lopen, zich afwijkend gedragen en zich niet houden aan regels en afspraken. Zij ondergraven de cohesie en zorgen voor gevoelens van onrust en onveiligheid. Nu is men eerder en meer geneigd deze mensen in aparte instellingen onder te brengen.

De tolerantie ten aanzien van jeugdigen die zich misdragen, neemt af. Maar ook jeugdigen met een andere achtergrond, een andere huidskleur of een afwijkend geloof lopen meer risico te worden gestigmatiseerd en te worden buitengesloten.

De wegwerpmaatschappij

Het is vaak goedkoper en gemakkelijker nieuw te kopen dan oud te herstellen. De afvalhopen zijn nog nooit zo groot geweest. Allerlei gebruiksartikelen zo gemakkelijk weggooien, kan ertoe leiden dat men zich steeds minder hecht aan materiële goederen. In het verlengde hiervan bestaat de angst dat deze weggooihouding ook ten aanzien van immateriële zaken zal optreden. Relaties met anderen worden eerder beëindigd als ze niet bevallen en vervangen door andere meer belovende contacten. Zo ook kunnen lastige kinderen en jongeren de dupe worden van ouders en verzorgers die eerder geneigd zijn afstand te nemen van deze jeugdigen en hen eerder buiten de deur te (laten) zetten als de conflicten en ruzies aanhouden (*throw-away youth*).

Bijlage 2: Items gereviseerde UCLA-eenzaamheidsschaal

Bijlage 2: Items gereviseerde UCLA-eenzaamheidsschaal

- Ik voel me verbonden met mensen om me heen.
- Ik mis gezelschap.
- Er is niemand tot wie ik me kan wenden.
- Ik voel me niet alleen.
- Ik voel me deel van een vriendengroep.
- Ik heb veel gemeen met de mensen om me heen.
- Ik ben niet meer dik bevriend met anderen.
- Mijn interesses en ideeën worden niet langer gedeeld door de mensen om me heen.
- Ik ben een uitgaanderig type.
- Er zijn mensen met wie ik me sterk verbonden voel.
- Ik voel me verlaten.
- Mijn sociale relaties zijn oppervlakkig.
- Niemand weet echt wie ik ben.
- Ik voel me geïsoleerd van anderen.
- Ik kan altijd gezelschap vinden als ik dat wil.
- Er zijn mensen die me echt begrijpen.
- Ik voel me ongelukkig.
- Er zijn wel mensen om me heen, maar toch voel ik me alleen.
- Er zijn mensen met wie ik gemakkelijk een praatje kan maken.
- Er zijn mensen op wie ik kan rekenen.

Bijlage 3: Items Eenzaamheidsschaal van De Jong-Gierveld

Bijlage 3: Items Eenzaamheidsschaal van De Jong-Gierveld

- Er is altijd wel iemand in mijn omgeving bij wie ik met mijn dagelijkse probleempjes terechtkan.
- Ik mis een echt goede vriend of vriendin.
- Ik ervaar een leegte om me heen.
- Er zijn genoeg mensen op wie ik in geval van narigheid kan terugvallen.
- Ik mis gezelligheid om me heen.
- Ik vind mijn kring van kennissen te beperkt.
- Ik heb veel mensen op wie ik volledig kan vertrouwen.
- Er zijn voldoende mensen met wie ik me nauw verbonden voel.
- Ik mis mensen om me heen.
- Ik voel me in de steek gelaten.
- Wanneer ik daar behoefte aan heb kan ik altijd bij vrienden terecht.

Bijlage 4: Persoonlijkheidsfactoren en eenzaamheid

Persoonlijkheidsfactoren van Eysenck

De drie door Eysenck (1976) onderscheiden persoonlijkheidsfactoren zijn:
- Extraversie: extraverte personen zijn stabiel, vriendelijk, toegankelijk en sociaal actief, terwijl introverte personen meer in zichzelf zijn gekeerd, zich terugtrekken en drukte en opwinding vermijden.
- Neuroticisme: neurotische personen zijn kwetsbaar, piekeren veel en zijn onzeker, in tegenstelling tot hun tegenpolen, die rustig, zeker en aangepast zijn.
- Psychoticisme: de negatieve pool verwijst naar personen die zich weinig om anderen bekommeren, ongevoelig zijn, vaak last veroorzaken, soms agressief zijn en erg individualistisch zijn ingesteld. De positieve pool verwijst naar personen die zich aangepast gedragen in het sociale verkeer.

Het blijkt dat neurotische jeugdigen vaker eenzaam zijn, terwijl extraverte jeugdigen vaker niet eenzaam zijn. Anders gezegd: neuroticisme en introversie zijn persoonlijkheidskenmerken die de kans op eenzaamheid vergroten. Dat is niet het geval met het persoonlijkheidskenmerk psychoticisme.

De big five

De *big five* – die enige overlap vertonen met de drie factoren van Eysenck – bestaan uit de volgende persoonlijkheidsfactoren:

kenmerk	positief	negatief
neuroticisme, ook wel omschreven als instabiel	kalm	piekert
	stevig	kwetsbaar
	zeker	onzeker
extraversie	sociaal	teruggetrokken
	praat graag	stil
	spontaan	geremd
openheid	origineel	conventioneel
	durft	niet ondernemend
	onafhankelijk	afhankelijk
vriendelijkheid, ook wel omschreven als sociaal of plezierig	goed gemutst	irritant
	behulpzaam	wantrouwend
	onbaatzuchtig	egoïstisch
nauwgezetheid, ook wel omschreven als consciëntieus of serieus	zorgvuldig	gemakzuchtig
	ordelijk	chaotisch
	ijverig	lui

Het blijkt dat de negatieve polen van alle vijf genoemde persoonlijkheidsfactoren systematisch samengaan met eenzaamheid. Dat is vooral het geval met introversie, neuroticisme en onvriendelijkheid. Jeugdigen met deze persoonlijkheidskenmerken lopen het gevaar zich tot eenzame jeugdigen te ontwikkelen. Dat is ook het geval met de kenmerken openheid en nauwgezetheid, maar dat risico is kleiner.

Bijlage 5: Bepaling van het sociale netwerk

Bijlage 5: Bepaling van het sociale netwerk

Voor meer personen (vader, moeder, broers, zussen, vrienden, leerkrachten, familieleden enzovoort) worden samen met de jeugdige de volgende aspecten in kaart gebracht om te achterhalen hoe het sociale netwerk eruitziet:
- Frequentie (nooit, een keer per jaar, idem per maand, idem per week, dagelijks).
- Belang (erg belangrijk, belangrijk, onbelangrijk).
- Duur van de relatie (korter dan een half jaar, een half tot een heel jaar, een tot vijf jaar, vijf jaar of langer).
- Concrete sociale steun (bijna nooit, soms, bijna altijd).
- Concrete emotionele steun (bijna nooit, soms, bijna altijd).
- Ruzie (bijna nooit, soms, bijna altijd).
- Richting hulp (tweezijdig, jij naar de ander, de ander naar jou).

Bijlage 6: Bewerking van de Perceived Social Support Questionnaire (PSSQ) van Kliem (2015)

Bijlage 6: Bewerking van de Perceived Social Support …

De volgende beweringen worden beoordeeld op een vijfpuntsschaal lopend van 1 = dat is helemaal niet waar tot 5 = dat is helemaal waar.

1. Ik kan gemakkelijk iemand vinden als er iets in huis of aan mijn fiets of brommer moet worden gerepareerd.
2. Er zijn mensen die mij zonder meer accepteren zoals ik ben.
3. Ik krijg veel waardering en warmte van anderen.
4. Als ik in de put zit, zijn er verschillende mensen met wie ik kan praten.
5. Er is altijd iemand met wie ik mijn persoonlijke problemen kan bespreken.
6. Er zijn verschillende mensen met wie ik het leuk vind om dingen samen te doen.
7. Ik maak deel uit van een groep vrienden die elkaar vaak zien.
8. Er zijn mensen met wie ik lief en leed kan delen.
9. Er zijn verscheidene mensen die mij zo nodig komen helpen om problemen op te lossen.
10. Ik zie mijn vrienden en familie vaak.
11. Ik ken minstens één persoon bij wie ik me helemaal op mijn gemak voel en die ik voor 100 % vertrouw.
12. Ik heb vrienden/bekenden die de tijd nemen om zo nodig naar mij te luisteren.
13. Als ik dringend iets nodig heb, is er altijd wel iemand bij wie ik dat kan lenen.
14. Er zijn verschillende mensen die mij helpen als ik ruzie heb met anderen.
15. Ik ga graag uit met mijn vrienden.

Bijlage 7: Interventieprogramma van Olweus

Bijlage 7: Interventieprogramma van Olweus

Algemeen
- beter toezicht tijdens pauzes
- opstellen van duidelijke regels tegen het pesten

Via:
- studie- en discussiegroepen voor ouders
- bijeenkomsten met leerkrachten en ouders
- verbetering van de inrichting van het schoolplein
- instellen van een vertrouwenstelefoon
- teamoverleg over de ontwikkeling van het schoolklimaat

Leerkrachten en andere medewerkers
- bewustzijn van het probleem versterken
- informatie over het pestprobleem geven
- intensieve begeleiding bij de invoering van het programma

Via:
- bijeenkomsten en trainingen

Ouders
- informatie verstrekken over het pesten
- steun geven wanneer hun kind wordt gepest
- ouders adviseren hoe om te gaan met pesters

Via:
- oudergesprekken
- discussiegroepen met ouders van pesters en gepesten
- indringende gesprekken met deze ouders

Leerlingen
- opstellen van duidelijke klassenregels
- belonen wanneer de regels worden gevolgd
- voeren van kringgesprekken over het pesten
- aangeven hoe het probleem aan te pakken

Via:
- regelmatige gesprekken met de klas
- rollenspel
- literatuur en/of lesmateriaal
- bijeenkomsten met ouders, leerkrachten en leerlingen

Pesters en gepesten
- intensieve gesprekken met pestende en gepeste leerlingen
- inschakelen van 'neutrale' leerlingen
- hulp van leerkrachten voor de gepeste leerling

Kenmerkend is dat er actie wordt ondernomen op meer fronten tegelijk. Zowel de schoolleiders als de leerkrachten, de leerlingen en de ouders worden nadrukkelijk bij het programma betrokken, terwijl ook aandacht uitgaat naar de omgeving in de vorm van het schoolplein. Een belangrijke voorwaarde voor het slagen van het programma is dat de leerkrachten worden gemotiveerd en getraind om het programma goed uit te voeren.

Geraadpleegde literatuur

Agnafors, S., et al. (2017). A biopsychosocial approach to risk and resilence on behavior in children followed from birth to age 12. *Journal of Child Psychiatry and Human Developement, 48,* 584–596.

Andersson, L. (1998). Loneliness research and interventions: A review of the literature. *Aging & Mental Health, 2,* 264–274.

Ang, R. P., et al. (2012). Loneliness and generalized problematic internet use. *Computers in Human Behavior, 28,* 1342–1347.

Boaz, Y. (2015). Clarifying the relationship of parental bonding to suicide ideation and attempts. *Suicide and Life-Threatening Behavior, 45,* 518–526.

Bueler, C. (2001). Adjustment. In: J. Touliatos & M. A. Straus (Red.), *Handbook of family measurements techniques.* Thousand Oaks: Sage.

Buysse, W. H. (1997). *Personal social networks amd behavior problems in adolescence.* Leiden: Proefschrift.

Cacioppo, J. T., & Hawkley, L. (2009). Perceived social isolation and cognition. *Trends in Cognitive Sciences, 13,* 447–454.

Deckers, A., Muris, P., & Roelofs, J. (2017). Being on your own or feeling lonely? Loneliness and other social variables in youths with autism spectrum disorders. *Child Psychiatry and Human Development,* jan. 2017.

DiTommaso, E., & Spinner, B. (1997). Social and emotional loneliness: A re-examination of Weiss'typology of loneliness. *Journal of Personality and Individual Differences, 22,* 417–427.

Eysenck, H. J., & Eysenck, S. B. G. (1976). *Psychoticism as a Dimension of Personality.* London: Hodder & Stroughton.

Fine, S. E., Trentacosta, C. J., Izard, C. E., Mostow, A. J., & Campbell, J. L. (2004). Anger perception, caregivers use of physical discipline, and aggression in children of risk. *Social Development, 13,* 213–228.

Flett, G. L., et al. (2016). Antececedents, correlates, and consequences of feeling like you don't matter: Associations with maltreatment, loneliness, social anxiety and five-factor model. *Journal of Personality and Individual Difference, 92,* 52–56.

Frison, E., & Eggermont, S. (2015). Toward an integrated and differential approach to the relationships between loneliness, different types of Facebook user, and adolescent depressed mood. *Communication Research, 6,* 1–28.

Goosby, B. J., Walsemann, K. M., & Cheadle, J. E. (2013). Adolescent loneliness and health in early childhood. *Sociological Inquiry, 83,* 505–536.

Goulate, N. (2002). *The effect of Internet use and Internet dependency on shyness, loneliness, and self-conciousness in college students.* New York at Albany: ProQuest Dissertations Publishing.

Grøholt, B., et al. (2000). Young suicide attempters. *Journal of American Academy Child and Adolescent Psychiatry, 39,* 868–876.

Hawkley, L. C., & Cacioppo, J. T. (2010). Loneliness matters: A theoretical and empirical review of consequences and mechanisms. *American Journal of Behavioral Medicine, 40,* 218–227.

Hojat, M., & Crandall, R. (Red.) (1989). *Loneliness.* Newbury Park: Sage Publications.

Hurt, E. A., Hoya, B., & Pelham, W. E. (2007). Parenting, family loneliness, and peer functioning in boys with ADHD. *Journal of Abnormal Child Psychology, 35,* 543–555.

Jones, A. C., et al. (1011). Changes in loneliness during middle childhood predict risk for adolescent suicicidality indirectly through mental healt problems. *Journal of Clinical Child & AdolescentPsychology, 40,* 818–842.

Jong, J. de (1989) Program overview: Personal relationships, social support and loneliness. *Journal of Social and Personal Relationships, 6,* 197–204.

Kliem, S., et al. (2015). A brief form of the Perceived Social Support Questionnmaire (PSSQ). *Journal of Clinical Epidemiology, 68,* 551–562.

Kunst, M. J. J., Marja, J., & Bon-Martens, H. (2011). Examining the link between domestic violence, victimization and loneliness in a Dutch community sample. *Journal of Family Violence, 26,* 403–410.

Lee, C. S., & Goldstein, S. E. (2016). Loneliness, stress, and social support in young adulthood. *Journal of Youth and Adolescence, 45,* 568–580.

Lemmens, J. S., Valkenburg, P. M., & Peter, J. (2010). *Tijdschrift voor Communicatiewetenschap, 38,* 357–377.

Lodder, G. M. A., et al. (2016). Adolescent loneliness and social skills. *Journal of Youth and Adolescence, 45,* 2406–2416.

Luhman, M., & Hawkley, L. C. (2016). Age differences in loneliness from late adolescence to oldest age. *Developmental Psychology, 52,* 943–959.

Maes, M., Klimstra, T., & Noortgate, W. van den (2015). Factor structure and measurement invariance of a multidimensional loneliness scala. *Journal of Child and Family Studies, 24,* 1829–1837.

Marjorano, M., et al. (2015). Loneliness, emotional autonomy and motivation for solitary behavior during adolescence. *Journal of Child and Family Studies, 24,* 3436–3447.

Matthews, T., et al. (2016). Social islolation, loneliness and depression in young adulthood. *Journal of Social Psychiatry and Psychiatric Epidemiology, 51,* 339–348.

Mezo, P. G., & Short, M. M. (2012). Construct validity and confirmatory factor analysis of the self-control and self-management scale. *Canadian Journal of Behavioural Science, 44,* 1–8.

Morin, A. (2011). Self-awareness. *Social and Personality Psychology. Compass, 5,* 807–823.

Murphy, P. M., & Kipshik, G. A. (1992). *Loneliness; Theory, research and applications.* London: Tavistock Routledge.

Nilsson, B., Lindstrom, U. A., & Naden, D. N. (2006). Is loneliness a psychological dysfunction? A literary study af the phenomenon of loneliness. *Scandinavian Journal of Caring Sciences, 20,* 93–101.

Geraadpleegde literatuur

Perlman, D., & Peplau, L.A. (1984). Loneliness research: A survey of emperical findings. In: L.A. Peplau & S. Goldston (Red.), *Preventing the harmful consequences of severe and persistent loneliness.* Washington: US Government Printing Office.
Qualter, P., et al. (2013). Trajectories of loneliness during childhood and adolescence. *Journal of Adolescence, 36,* 1283–1293.
Qualter, P., et al. (2015). Loneliness across the life span. *Perspectives on Psychological Science, 10,* 250–264.
Richaud de Minzi, M. C., & Sacchi, C. (2004). Adolescent loneliness assessment. *Adolescence, 39,* 701–710.
Roekel, E. van, et al. (2013). Loneliness in adolescence: Gene and environment interactions involving the serotonin transporter gene. *Child Psychology and Psychiatry, 51,* 747–754.
Roekel, E. van, et al. (2015). Social stress in early adolescents' daily lives: Associations with affect and loneliness. *Journal of Adolescence, 45,* 274–283.
Roekel, E. van, et al. (2016). Trait and state levels of loneliness in early and late adolescents. *Journal of Clinical Child and Adolescent Psychology. 40,* 218–227.
Rokach, A. (1989). Antecedents of loneliness: A factorial analysis. *The Journal of Psychology, 123,* 369–384.
Ruchkin, V. V., & Eiseman, M. (1999). Hopelessness, loneliness, self-esteem and personality. *Journal of Adolescent Research, 14,* 466–477.
Saffer, B. Z., et al. (2015). Clarifying the relationship of parental bonding to suicide ideation and attempts. *Suicide and Life-Threatening Behavior, 45,* 518–524.
Sahin, M. (2012). The relationship between cyberbullying/cybervictimization and loneliness among adolescents. *Children and Youth Service Review, 34,* 834–837.
Samarof, A. (2010). A unified theory of development: A dialectic Integration of nature and nurture. *Child Development, 81,* 6–22.
Shute, R. L., & Walsh, C. (2005). Adolescents with chronic illnesses: School, absenteiism, perceived peer aggression, and loneliness. *The ScientificWorld, 5,* 535–544.
Sociaal Cultureel Planbureau (2013). *Met het oog op de tijd.* Cloin, M., et al. (Red.). Den Haag: SCP.
Song, H., et al. (2014). Does Facebook make you lonely? A meta-analysis. *Computers in Human Behavior, 36,* 446–452.
Spithoven, A. W. M., et al. (2017). Adolescents' loneliness and depression associated with friendship experiences and well-being. *Journal of Youth and Adolescence, 46,* 418–441.
Stickley, A., & Koyanagi, A. (2016). Loneliness, common mental disorders ans suicidal behavior. *Journal of Affective Disorders, 197,* 81–87.
Teppers, E., et al. (2013). Personality traits, loneliness, amd attitudes toward loneliness in adolescence. *Journal of Social and Personal Relationships, 30,* 1045–1063.
Toffler, A. (1980). *The Third Wave.* New York: Bantam Books.
Turan, B., et al. (2014). Dominant, cold, avoidant and loneley: Basal testerone as a biological marker for an interpersonal style. *Journal of Research in Personality, 50,* 84–89.
Vanhalst, J., Soenens, B., Luycxc, K., & Petegem, S. van (2015). Why do the lonely stay alone? *Journal of Personality and Social Psychology, 109,* 932–948.
Vanhalst, J., et al. (2013). The development of loneliness from mid- to late adolescence. *Journal of Adolescence, 36,* 1305–1312.
Watson, J., & Nesdale, D. (2012). Rejection sensitivity, social withdrawal, and loneliness in young adults. *Journal of Applied Social Psychology, 42,* 1984–2005.
Wensveen, D. van (2013). *Eenzaamheid in relatie tot digitale communicatie.* Amsterdam: TNS NIPO.
Wichstrom, L. (1999). Predictors of adolescent suicide attempts. *Journal of American Academy of Child and Adolescent Psychiatry, 39,* 603–610.
Williams, E. G. (1983). Adolescent loneliness. *Adolescence, 69,* 51–65.
Young, J. (1999). *The Exclusive Society. Social Exclusion, Crime and Difference in Late Modernity.* London: Sage.
Zimmer-Gembeck, M. J., et al. (2014). Relational victimization, loneliness and depressive symptoms. *Journal of Youth and Adolescence, 43,* 568–582.

Register

Register

A

aandachtstekort 61
achtergronden 13
ADHD 61
afweging 92
afwijzing 94, 99
agressief gedrag 64
algemene angst 84
amygdala 45
angst 64, 82
angstig-depressief gedrag 64
angstig-teruggetrokken gedrag 64
angststoornissen 84
antidepressiva 82
antipestprogramma 100
antisociaal gedrag 64, 86
ASS. *Zie* autismespectrumstoornis
attention deficit hyperactivity disorder (ADHD) 61
autisme 60
autismespectrumstoornis 60

B

behavioral approach system (BAS) 27, 49
behavioral inhibition system (BIS) 27, 49
belonen 128
betrouwbaarheid 54
biologische invalshoek 26
brein
- beschadigingen 48
- hersengebieden 45
- neurotransmitters en hormonen 46
- omgevingsinvloeden 47

C

Children's Loneliness and Social Dissatisfaction Scale 56
chronische eenzaamheid 15
cognities 32
cognitieve gedragsinterventies 126
cognitieve theorie 23
concentratie 62
confrontatie 91
contacten
- digitale 111
- face-to-face 111
- fysieke 111
copingstrategie 92
- indeling 93

copingvaardigheden 25
cortisol 46
culturele invloeden 26
cyberpesten 100, 115

D

De Jong-Gierveld eenzaamheidsschaal 56
delinquentie 86
depressie 32, 82
digitale contacten 17
disposities 48
dopamine 46
draagkracht 25, 91
draaglast 25, 90
dyadische eenzaamheid 5

E

eenzaamheid
- chronische 15
- definitie 3
- dyadische 5
- emotionele 4, 55
- existentiële 4, 6
- fysieke 5
- gevoelens van 7
- interpersoonlijke 4
- intieme 5
- intrapersoonlijke 4
- netwerk- 5
- ontstaanstheorieën 22
- oudergerelateerde 5
- outsiders- 5
- peergerelateerde 5
- psychische 5
- relationele 5
- sociale 4, 55
- tijdelijke 15
- zelfverkozen 5, 6
eenzaamheidsvragenlijsten 55
emoties
- onderkennen 77
- reguleren 77
- toepassen 77
emotionele eenzaamheid 4, 55, 105
emotionele intelligentie 78
emotionele steun 70
emotionele vaardigheden 32, 77
erbij horen 71
etnische achtergrond 65
existentiële eenzaamheid 4, 6

F

face-to-facecontacten 17
Facebook
- actieve gebruiker 112
- passieve gebruiker 112
fobieën 84
fysieke eenzaamheid 5
fysieke problemen 34

G

gamen
- negatieve kanten 119
- positieve kanten 118
gameverslaving 119
gedragsactivering 49
gedragsinhibitie 49
gedragsproblemen 31, 63
- geëxternaliseerde 64
- geïnternaliseerde 64
gedragstherapie 127
geëxternaliseerde gedragsproblemen 64
geïnternaliseerde gedragsproblemen 64
gevoelens van eenzaamheid 7
gezin 34
- communicatie 40
- functioneren 40
- opvoedkenmerken 39
- organisatie 40
- partnerrelatie 41
- responsiviteit 39
- sociaal netwerk 40
gezinskenmerken 38
gezinsproblemen 39

H

hechting 34
hersengebieden 45
hippocampus 45
hormonen 46
hyperactiviteit 61
hypothalamus 45

I

impulsiviteit 62
inschattingsproces 91
interactionele model 25
internet 110

– gevaren 114
– misbruik 114
internetverslaving 113
interpersoonlijke eenzaamheid 4
interpersoonlijke vaardigheden 75
intieme eenzaamheid 5
intrapersoonlijke eenzaamheid 4
intrapersoonlijke vaardigheden 75

K

kindermishandeling 86
knuffelhormoon 47

L

leerproblemen 62
Leuvense eenzaamheidsschaal voor kinderen en adolescenten 57
limbische systeem 45

M

modeling 128
motivatie 62
multidimensionele vragenlijsten 56

N

negatief denken 33
negatieve emoties 32
netwerkeenzaamheid 5
neurotransmitters 46

O

omstandigheden 26
ontstaanstheorieën eenzaamheid 22
ontwikkelingsfasen 8
oppositioneel-opstandig gedrag 64
oudergerelateerde eenzaamheid 5
ouders 132
outsiderseenzaamheid 5
oxytocine 47

P

paniekaanvallen 84
peergerelateerde eenzaamheid 5
persoonlijkheidskenmerken 25, 65
pesten 100
planmatig werken 63

prefrontale cortex 45
preventie 124
psychische eenzaamheid 5

R

reactie 92
relationele eenzaamheid 5
relationele vaardigheden 75
remming 49
risicogroepen 60
Roberts UCLA Loneliness Scale 56

S

school 35
separatieangst 84
serotonine 46
sexting 100, 115
situationele vaardigheden 75
smartphone 114
sociaal-emotionele steun 70
sociaal netwerk 68
sociale angst 32, 84
sociale-behoeftetheorie 22
– interventies 125
sociale eenzaamheid 4, 55, 105
sociale-leertheorie 24
– interventies 127
sociale media 111
sociale steun 69, 70
sociale vaardigheden 74, 127
sociometrisch onderzoek 98
sociometrische positie 99
stress 90
stressbron 90
stresshormoon 46
stressor 25, 90
stresstheorie 25, 90
suïcide 104

T

taakgerichtheid 62
temperament 27, 48
testosteron 46
tijdelijke eenzaamheid 15
trajecten 14
tweelingenonderzoek 44
typeringen van generaties 18
typeringen van onze samenleving 18

U

UCLA Loneliness Scale 55
unidimensionele vragenlijsten 55

V

validiteit 54
veerkracht 50
vertrouwen 101
volharding 63
vooroordelen 126
vragenlijst
– betrouwbaarheid 54
– validiteit 54
vriendschappen 101
vrije tijd 35

W

waardering 70, 98
werktempo 63

Z

zelfbeeld 33
zelfbeschikking 33
zelfbewustzijn 76
zelfdoding 104
zelfsturing 76
zelfverkozen eenzaamheid 5, 6

MIX
Papier aus verantwortungsvollen Quellen
Paper from responsible sources
FSC® C105338

If you have any concerns about our products,
you can contact us on
ProductSafety@springernature.com

In case Publisher is established outside the EU,
the EU authorized representative is:
Springer Nature Customer Service Center GmbH
Europaplatz 3, 69115 Heidelberg, Germany

Printed by Libri Plureos GmbH
in Hamburg, Germany